I

Theoretische Vorüberlegungen

SPORTSTUNDE GRUNDSCHULE

Herausgegeben von
Stefan König und Klaus Roth

Bibliografische Information der Deutschen Nationalbibliothek
Die Deutsche Nationalbibliothek verzeichnet diese Publikation in der Deutschen Nationalbibliografie; detaillierte bibliografische Daten sind im Internet über http://dnb.d-nb.de abrufbar.

Bestellnummer 2812

2. Auflage 2020

www.hofmann-verlag.de

Erschienen als Band 1 der „Sportstunde Grundschule“

Druck: Druck- und Kalender-Marketing Sosset GmbH, Kißlegg

Printed in Germany · ISBN 978-3-7780-2812-4

Inhaltsverzeichnis

II Praktisch-methodische Vorüberlegungen: Wegweiser für die Kapitel III bis V

III Zehn Doppelstunden für die Klassen 1 und 2

IV Zehn Doppelstunden für die Klassen 3 und 4

V Sechs Doppelstunden für den Übergang in die Klasse 5

Anhang

Einleitung

Das Thema „Sportspielvermittlung“ hat eine fast ebenso lange Tradition wie der Unterricht in Grundschulen und Vereinen. Obwohl der Begriff „Vermittlung“ im Sinne von Lehren weit gefasst und mit der gesamten Sportspielmethodik gleichgesetzt werden könnte, wird er üblicherweise auf die Einführung in die Sportspiele bezogen. Es geht um die Anfängerschulung, also um einen „kindgerechten Start ins Ballspielleben“. Mit ihm – oder wie es in den Grundschul-Bildungsplänen heißt – mit dem Handlungsfeld *„Spielen, Spiele“* befasst sich der Band 1 der Reihe **Sportstunde Grundschule**. Dass es sich dabei um einen wichtigen Bereich des Sportunterrichts in der Primarstufe handelt, dürfte wohl außerhalb jeder Diskussion stehen.

Die veröffentlichten Meinungen zur Gestaltung der Sportspielvermittlung im frühen Schulkindalter füllen ganze Bibliotheken. Zu den wichtigsten didaktisch-methodischen Fragen gibt es dabei mittlerweile so etwas wie Mehrheitspositionen. Das gilt auch und vor allem für die grundsätzliche Entscheidung zwischen den zwei prinzipiell möglichen, generellen Wegrichtungen. Gemeint ist die kaum noch kontrovers geführte Diskussion zu „übergreifend-integrativen vs. spezifisch-exemplarischen Modellen“. Hier scheint das Stadium der wenig plausiblen Entweder-Oder-Positionen überwunden zu sein. Die verbreitete Kompromissformel lautet, dass ein *integrativer Einstieg* die Methode der Wahl sein sollte. Erst nach gebührenden allgemeinen Spiel- und Übungserfahrungen, wird allmählich ein spezifischer werdender Kurs auf die Großen Sportspiele genommen. Was noch bleibt sind eher Debatten um Details der richtigen „Rezepturen“, also um den genauen Zeitbedarf und die Kombinationsmöglichkeiten der allgemeinen und spezifischen Ansätze. Hier sind verschiedene „Geschmäcker“ einzukalkulieren und in gewissen Grenzen auch erlaubt.

Mit dem Rückgriff auf das Ballschul-Konzept wird das angesprochene Motto *„Vom Allgemeinen zum Spezifischen!“* zur „Hauptzutat“ des Spielunterrichts in der Grundschule. Zunächst werden *sportspielübergreifende* Basiskompetenzen entwickelt (Stufe 1), um ein Repertoire an übertragbaren Lösungen für typische Spielaufgaben zu schaffen. Man baut ein breites Fundament für sportspielgerichtete Teilspezialisierungen (Stufe 2), die den Einführungen in die *einzelnen* Sportspiele (Stufe 3) vorausgehen.

Das Kapitel 2 beginnt mit einer Betrachtung der Grundschulcurricula der 16 Bundesländer (2.1 bis 2.3). Nach einer Klärung der zu vermittelnden überfachlichen und fachlichen Kompetenzen, wird auf die konkrete Bestimmung der fachlich-inhaltsbezogenen, spielerischen Basiskompetenzen in der Ballschule und in den anschließenden spielgemäßen Konzepten eingegangen (2.4 bis 2.6). Zudem werden methodische Grundüberlegungen vorgestellt, die bei den Spielen und Übungen und damit in den Beispielstunden Beachtung finden (Kapitel 3).

Den drei Stufen der Ballschule wird im Praxisteil jeweils ein Kapitel gewidmet. Es werden zehn Doppelstunden für die sportspielübergreifenden (Kapitel 4) und weitere zehn für die sportspielgerichteten Ausbildungen (Kapitel 5) präsentiert. Die erstgenannten sind schwerpunktmäßig für die beiden Schuleingangsklassen, die letztgenannten für die Klassen 3 und 4 gedacht. Schließlich folgen sechs Unterrichtseinheiten für eine Hinführung zu den Sportspielen Fußball, Basketball und Badminton (Kapitel 6).

Kostenlose Videos und Bonusmaterial
finden Sie unter
www.sportfachbuch.de/m/D2B001

1 Grundschullehrpläne: Überfachliche und fachliche Kompetenzen

„Das Wort ‚Kompetenz' hat man einem internationalen Trend folgend auch in den deutschen Schul-Lehrplänen eingeführt … Der Vorteil des Begriffs liegt in der kategorischen Entfernung von bloßer Stoffhuberei und Gesinnungspflege … Er bringt die Schularbeit den Lebensaufgaben näher, die in der Tat weder der Einteilung in die drei Qualifikationskategorien (Einstellungen, Fähigkeiten, Kenntnisse, K. R./C. R.) noch gar in die der Fächer oder Wissensgebiete folgen" (von Hentig, 2004, S. 12).

Die Formulierung der Bildungs- und Lehrpläne für die Grundschulen fällt in Deutschland bekanntermaßen in den Verantwortungsbereich der Bundesländer. Dies bedeutet nicht zwangsläufig, dass es keine Ähnlichkeiten oder Gemeinsamkeiten geben kann. Im Gegenteil: eine vergleichende Betrachtung der verschiedenen Richtlinien für den Primarbereich erbringt eine Reihe von Verwandtschaften in den inhaltlichen Orientierungen. Dies gilt ganz generell und auch für einzelne Fächer bzw. Fächergruppen.

Das wohl wichtigste verbindende Merkmal der aktuellen Lehrpläne ist der starke Bezug zum *Kompetenzbegriff* (vgl. Neumann, 2010, S. 37). Lehren wird nicht in erster Linie als Transport von Wissen, Können oder Werthaltungen verstanden, sondern soll Problemlösungen und Anforderungsbewältigungen anstoßen (Lehrplan Bayern, 2000, S. 8). Es richtet sich an den „Alltagserfahrungen der Schülerinnen und Schüler aus, vertieft und erweitert sie" (Richtlinien Nordrhein-Westfalen, 2008, S. 13).

Mit der Verwendung des Begriffs Kompetenzen ist eine Sichtweise verbunden, die seit jeher tief in unserem Denken verwurzelt ist. Unsere Leistungen hängen – so nehmen wir an – bei mehr oder weniger allen Aufgabenstellungen von allgemeinen *und* von spezifischen Faktoren ab. Vor diesem Hintergrund wird in den meisten Bildungsplänen vereinfachend zwischen der Vermittlung überfachlicher und fachlicher Kompetenzen unterschieden.

Die Verbesserung der *überfachlichen* Kompetenzen ist Ziel aller Unterrichtsfächer sowie des gesamten Schullebens. Für sie ist charakteristisch, dass sie einerseits im Kontext verschiedenster Fächer geschult werden können. Andererseits helfen sie – wenn sie erworben worden sind – gleichermaßen bei der Bewältigung von Aufgabenstellungen z. B. im Deutsch-, Mathematik- oder Sportunterricht. Anders ausgedrückt: sie können in einem weiten Sinne inhaltsübergreifend erworben *und* inhaltsübergreifend eingesetzt werden.

Hinsichtlich der Klassifizierung und Benennung der überfachlichen Kompetenzen herrscht in den Curricula weitgehende Übereinstimmung. Es werden *lernmethodische, personale* und *soziale* Kompetenzen voneinander abgegrenzt, deren Förderung sich „als komplexes und nicht trennbares Anliegen durch die Bildungspläne

Tab. 1: Beispiele für die drei überfachlichen Kompetenzbereiche (nach: Bildungsplan Hamburg, 2011, S. 11)

Lernmethodische Kompetenzen	Personale Kompetenzen	Soziale Kompetenzen
	Die Schülerin bzw. der Schüler ...	
... beschäftigt sich konzentriert mit einer Sache	... hat Zutrauen zu sich und dem eigenen Handeln	... übernimmt Verantwortung für sich und andere
... merkt sich Neues und erinnert Gelerntes	... traut sich zu, schulische Anforderungen bewältigen zu können	... arbeitet kooperativ in Gruppen
... erfasst und stellt Zusammenhänge her	... schätzt eigene Fähigkeiten realistisch ein	... hält vereinbarte Regeln ein
... hat kreative Ideen	... entwickelt eine eigene Meinung, trifft Entscheidungen und vertritt diese gegenüber anderen	... verhält sich in Konflikten angemessen
... arbeitet und lernt selbstständig und gründlich	... zeigt Eigeninitiative und Engagement	... beteiligt sich an Gesprächen und geht angemessen auf Gesprächspartner ein
... wendet Lernstrategien an, plant und reflektiert Lernprozesse	... zeigt Neugier und Interesse, Neues zu lernen	... versetzt sich in andere hinein, nimmt Rücksicht, hilft anderen
... entnimmt Informationen aus Medien, wählt sie kritisch aus	... ist beharrlich und ausdauernd	... geht mit eigenen Gefühlen, Kritik und Misserfolg angemessen um
... integriert Informationen und Ergebnisse, bereitet sie auf und stellt sie dar	... ist motiviert, etwas zu schaffen oder zu leisten und zielstrebig	... geht mit widersprüchlichen Informationen angemessen um, zeigt Toleranz und Respekt gegenüber anderen

zieht“ (Rahmenlehrplan Berlin, Brandenburg, Bremen & Mecklenburg-Vorpommern, 2004, S. 1). Tabelle 1 gibt einen Überblick über altersgemäße überfachliche Kompetenzen, die für den Unterricht in der Grundschule als bedeutsam angesehen werden. Allerdings: der Begriff „überfachlich“ darf nicht so missverstanden werden, dass all diese Kompetenzen in allen Fächern mit gleicher Gewichtung und Intensität behandelt werden könnten oder sollten. Selbstverständlich sind die fachspezifischen Möglichkeiten zu beachten.

Die *fachlichen* Kompetenzen werden demgegenüber – worauf der Name schon hindeutet – vorrangig im jeweiligen Unterrichtsfach thematisiert. In den meisten Lehrplänen erfolgt hier, im Sinne eines Zwei-Ebenen-Modells (Neumann, 2010, S. 38), eine Trennung zwischen prozessbezogenen und inhaltsbezogenen Kompetenzbereichen, die „quer zueinander liegen“ (Bildungsplan Hamburg, 2011, S. 13) und stets „miteinander zu verknüpfen sind“ (Kerncurriculum Niedersachsen, 2006, S. 6).

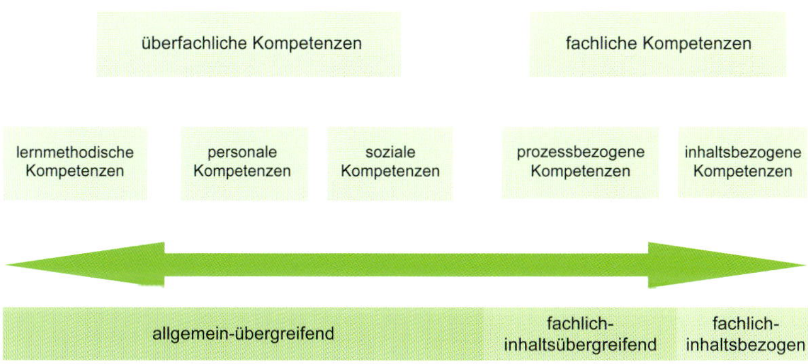

Abb. 1: Überfachliche und fachliche Kompetenzbereiche für das Unterrichten an Grundschulen

Abbildung 1 veranschaulicht, dass die *prozessbezogenen* Kompetenzen „bildlich“ betrachtet zwischen den überfachlichen und inhaltsbezogenen Kompetenzen liegen. Ihre Verbesserung und Anwendung ist primär an ein spezielles Fach gebunden. Innerhalb dieses Faches sind sie jedoch prinzipiell unabhängig von den konkreten Inhalten. Sie sind also als fachspezifisch und inhaltlich übergreifend zu kennzeichnen.

Was damit gemeint ist, kann kurz am Beispiel des Unterrichtsfachs Mathematik illustriert werden. Hier finden sich in den Lehrplänen der Bundesländer analoge, zum Teil identische Kennzeichnungen für die wichtigsten Fachkompetenzen. Prozessbezogen geht es u. a. um das mathematische Argumentieren und Kommunizieren, das Lösen mathematischer Probleme, das mathematische Modellieren (Hamburg, Nordrhein-Westfalen, Saarland) und das Verwenden mathematischer Darstellungen (Hamburg). Inhaltsbezogen werden die Kinder verbindlich in folgenden Feldern ausgebildet: Zahlen und Operationen, Größen und Messen, Raum und Form, Daten und Zufall (Baden-Württemberg, Berlin, Brandenburg, Bremen, Hamburg, Mecklenburg-Vorpommern, Rheinland-Pfalz, Saarland) sowie Muster und Strukturen (Baden-Württemberg, Hamburg).

Für die praktische Unterrichtsgestaltung ist eine Trennung der verschiedenen Kompetenzbereiche kaum möglich und auch nicht beabsichtigt. In den Lehrplänen wird aber gefordert, dass im Verlauf der Grundschulzeit alle wesentlichen überfachlichen und fachlichen Kompetenzen einbezogen werden.

2 Grundschullehrpläne Sport: Fachliche Kompetenzen

Die Bücher der Reihe **Sportstunde Grundschule** orientieren sich an den fachlichen Kompetenzen, die in den Curricula für den Sportunterricht ausgewiesen werden. Ihre Ausrichtung kann sich dabei entweder auf ausgewählte prozessbezogene oder auf inhaltsbezogene Bereiche beziehen. Als Synonyme für den Begriff prozessbezogene Kompetenzen werden in einigen Bildungsplänen Termini wie *pädagogische Perspektiven* (z. B. Nordrhein-Westfalen, Rheinland-Pfalz, Saarland) oder *Dimensionen des Schulsports* (Hessen) verwendet. Für die „inhaltsbezogene Kompetenzen" finden sich auch die Bezeichnungen *Bewegungsfelder* (Baden-Württemberg, Hamburg, Rheinland-Pfalz, Saarland), Handlungsfelder (Hessen) oder *Themenfelder* (Berlin, Brandenburg, Bremen, Mecklenburg-Vorpommern). Die Tabelle 2 zeigt, dass es bei der Ausdifferenzierung der Kompetenzbereiche – über die Teilrahmenpläne Sport der Bundesländer hinweg – wiederum viele Ähnlichkeiten gibt.

Tab. 2: Fachliche Kompetenzbereiche für den Sportunterricht an Grundschulen

Bundesland	Prozessbezogene Kompetenzbereiche	Inhaltsbezogene Kompetenzbereiche
Baden-Württemberg	keine expliziten Angaben	**Spielen – Spiele** Laufen – Springen – Werfen Bewegen am Boden, an Geräten und in der natürlichen Umgebung Spielen und sich Bewegen im Wasser
Bayern	Grundlegende Erfahrungen Gesundheit Gemeinschaft Mitwelt Spielen, Gestalten, Fit werden	Ausdauer und Beweglichkeit Bewegungsgrundformen Bewegen zur Musik **Kleine Spiele** Bewegen im Wasser Bewegen auf Eis und Schnee

Bundesland	Prozessbezogene Kompetenzbereiche	Inhaltsbezogene Kompetenzbereiche
Berlin Brandenburg Bremen Mecklenburg-Vorpommern	Körper- und Bewegungserfahrungen Bewegungen gestalten Wagen und Verantworten Leisten erfahren und einschätzen Kooperieren u. Verständigen Gesundheit	**Spielen – Spiele** Laufen – Springen – Werfen Bewegungskünste, Gymnastik, Tanz Bewegen an Geräten Kämpfen nach Regeln Fahren, Gleiten, Rollen Bewegen im Wasser
Hamburg	Leisten und Üben Gestalten und Darstellen Erkunden und Wagen Wettkämpfen und Kooperieren	Laufen – Springen – Werfen Gleiten, Fahren, Rollen Schwimmen & Tauchen Kämpfen und Verteidigen **Spielen** Bewegen an und von Geräten Tanzen & Inszenieren Entspannen & Kräftigen
Hessen	Gesundheit, Erholung und Wohlbefinden Soziale Kontakte Gestalten Natur und Erleben Riskieren und Bewähren	**Spielen** Turnen Rhythmisch Bewegen & Tanzen Laufen – Springen – Werfen Rollen, Gleiten, Fahren Schwimmen
Niedersachsen	Bewegungskönnen Erkenntnisse gewinnen Interaktionen herstellen Lernen lernen Bewerten	**Spielen** Turnen und Bewegungskünste Gymnastisch-rhythmische und tänzerische Gestaltung Laufen – Springen – Werfen Schwimmen, Tauchen und Wasserspringen Bewegen auf rollenden und gleitenden Geräten Miteinander Kämpfen
Nordrhein-Westfalen	Wahrnehmungsfähigkeiten Bewegungserfahrungen Bewegungen gestalten Wagen und Verantworten Leisten erfahren und einschätzen Kooperieren u. Verständigen Gesundheit	**Spielen entdecken** Laufen – Springen – Werfen Bewegen im Wasser Bewegen an Geräten Gestalten und Darstellen **Spielen in Regelstrukturen** Rollen, Gleiten, Fahren Ringen und Kämpfen
Rheinland-Pfalz	Leistung Spannung Körpererfahrung Gesundheit Ausdruck und Gestaltung Miteinander	Bewegen mit Geräten und Materialien Bewegen an Geräten Laufen – Springen – Werfen **Mit- und gegeneinander Spielen** Bewegen im Rhythmus, Bewegen im Wasser

Bundesland	Prozessbezogene Kompetenzbereiche	Inhaltsbezogene Kompetenzbereiche
Sachsen	Bewegungserfahrungen Wahrnehmungsfähigkeit Bewegungsausdruck Bewegungen (nach-)gestalten Leistungen Miteinander Spannung, Dramatik und erste Grenzerfahrungen Gesunde Lebensführung und Fitness	Leichtathletische Übungen **Spiele und Spielformen** Turnerische Übungen Gymnastisch-tänzerische Übungen Schwimmen Wintersport
Sachsen-Anhalt	Erfahren und Gestalten von Bewegung Wahrnehmung und Gesunderhaltung des Körpers Faires Konkurrieren und Kooperieren Fit werden – Gesund bleiben	**Spielen** Laufen – Springen – Werfen Bewegen an Geräten Rhythmisches Bewegen, Gestalten, Tanzen Gleiten, Rollen, Fahren Bewegen im Wasser
Saarland	Wahrnehmungsfähigkeiten Bewegungserfahrungen Bewegungen gestalten Fitness und Gesundheit Wagen und Verantworten Leisten erfahren und reflektieren Gemeinsam handeln und verständigen	**Spielen** Bewegen im Wasser Bewegen an Geräten Raufen und Ringen Rollen, Gleiten, Fahren Darstellen und Gestalten Laufen – Springen – Werfen
Schleswig-Holstein	Gesundheit, Fitness, Wohlbefinden Leistung, Wettkampf, Erfolg Miteinander, Geselligkeit, Gemeinschaft Wahrnehmungsfähigkeiten Ästhetik Spannung, Risiko, Abenteuer	Ausdrücken durch Bewegung **Spielen** Bewegen an und mit Geräten Laufen – Springen – Werfen Bewegen im und auf dem Wasser
Thüringen	Wahrnehmungsfähigkeiten Körpererfahrung Materialerfahrung Sozialerfahrung	**Spielen** Laufen – Springen – Werfen Tanzen und Gymnastik Turnen Schwimmen Ski- und Eislauf Inline Skating Federball

Der Band 1 der Reihe Grundschulsport zur Ballschule und damit zur Integrativen Sportspielvermittlung konzentriert sich auf das inhaltsbezogene Kompetenzfeld „Spielen, Spiele“. Dieses wird in allen 13 Richtlinien – Berlin, Brandenburg, Bremen und Mecklenburg-Vorpommern haben einen gemeinsamen Lehrplan erstellt – als Kernbereich des Grundschulsports benannt, und das nicht selten und auch nicht zufällig an vorderster Stelle. In mehr als 50% der Bildungspläne werden darüber hinaus die folgenden fünf Handlungsfelder berücksichtigt:

- Bewegen im Wasser (Schwimmen: 13 Nennungen)
- Laufen – Springen – Werfen (Leichtathletik: 12)
- Rhythmisches Bewegen, Bewegungskünste, Inszenieren (Gymnastik, Tanzen: 11)
- Bewegen an Geräten (Turnen: 11)
- Rollen, Gleiten, Fahren (7)

Bei aller Fokussierung der in den Kapiteln III bis V dargestellten Stundenbeispiele auf den Inhaltsbereich *„Spielen, Spiele“* ist die Verknüpfung mit den überfachlichen und fachlich-prozessbezogenen Kompetenzen im Blick zu behalten. Die am häufigsten genannten *prozessbezogenen* Kompetenzen für den Sportunterricht sind über alle Grundschulcurricula hinweg betrachtet (vgl. Tab. 2):

- Kooperieren und Verständigen (11 Nennungen)
- Gesundheit, Fitness und Wohlbefinden (10)
- Leistung und Wettkampf (8)
- Erkunden, Wagen und Verantworten (8)
- Ausdruck, Darstellen und Gestalten (8)
- Körper- und Bewegungserfahrungen (8)

Bei jedem der Unterrichtsentwürfe wird ausdrücklich markiert, wo sich besondere Chancen für die „Mit-Vermittlung“ dieser prozessbezogenen und der überfachlichen Kompetenzen aus Tabelle 1 ergeben. Es werden für die Spiele und Übungen quasi alle „Kompetenzen abgesteckt“, die mit ihnen weiter entwickelt werden können – ganz nach dem Werbemotto eines deutschen Geldinstituts: „Gut, wenn sich Kompetenzen ergänzen!“

3 Grundschullehrpläne Sport: Spielen, Spiele

Integrative Sportspielvermittlung

„Spielen ist pure Kreativität. Kreativität kommt von innen. Kinder lernen sich selbst kennen, lernen soziale Fähigkeiten und sich selbst einzuschätzen. Wir nennen es spielen, dabei ist spielen eher forschen. Kinder benehmen sich als wären sie kleine Entdecker, sie stellen Theorien auf, machen Experimente. Spielen ist eine Voraussetzung für das akademische Lernen. Das Wissen darüber gibt es seit vielen Jahren, es wird aber leider ignoriert" (Juul, 2011).

Bei der Benennung der inhaltlichen Kompetenzerwartungen für das Handlungsfeld *„Spielen, Spiele"* gibt es Niveauunterschiede in den Grundschullehrplänen. Neumann (2010, S. 39–40) verdeutlicht dies exemplarisch an der in den Curricula mehrfach angeführten Kompetenz „Mit unterschiedlichen Spielgeräten angemessen umgehen können!". Die vorgegebenen (Minimal-)Standards reichen vom bloßen Gebrauch (Baden-Württemberg) über die geschickte und sichere Handhabung (Rheinland-Pfalz) bis hin zur reflektierten Auswahl und zum differenzierten Einsatz in Spielkontexten (Thüringen).

An diesem Beispiel kann aber auch eine Gemeinsamkeit des Sportunterrichts an Grundschulen veranschaulicht werden. Die Inhalte werden zunächst nicht vorrangig aus der spezifischen Sicht einzelner Spiele, sondern allgemein – man könnte auch sagen *sportspielübergreifend* – festgelegt. Die Schülerinnen und Schüler (das wird durchgängig geschlechtsneutral bestimmt) sollen u. a.:

- Vielseitige Verwandtschaften zwischen den Spielen erfahren (Bayern, Rheinland-Pfalz, Saarland).
- Lernen, klug zusammen zu spielen (Niedersachsen).
- sich die koordinativen Grundlagen für situationsangepasstes Verhalten in Spielsituationen aneignen (Nordrhein-Westfalen, Thüringen).
- Über das Vermögen verfügen, die Bedeutung von Laufwegen einzuschätzen und Raumwege zu nutzen (Hamburg, Hessen, Rheinland-Pfalz).
- Mitspieler sehen, anspielen oder ihnen ausweichen können (Hessen).
- In der Lage sein, elementare Spielfertigkeiten wie Werfen, Fangen, Prellen oder Stoßen mit Bällen aller Art variabel auszuführen (Baden-Württemberg, Bayern, Hessen, Rheinland-Pfalz, Saarland, Sachsen, Sachsen-Anhalt, Thüringen).

Das Motto lautet also offenkundig „vielfältige Bewegungs- und Spielerfahrungen mit verschiedenen Bällen in unterschiedlichen Spielräumen sammeln". Ohne dass dies explizit formuliert wird, entspricht damit die Philosophie der Sportlehrpläne einer Position, die gewöhnlich mit dem Begriff der *Integrativen Sportspielvermittlung* überschrieben wird. Nach ihr werden die Spiele als Mitglieder einer Familie betrachtet, die hinsichtlich der zu lösenden Aufgaben und der von den Kindern zu erwerbenden Kompetenzen einander ähnlich sind. Wittgenstein (1960) hat als Erster dieses Bild der „Verwandtschaft zwischen Menschen" auf den Bereich der Spiele übertragen – und er meint nicht nur die Sportspiele, sondern darüber hinaus Symbolspiele, Glücksspiele usw.

> „Betrachte einmal die Vorgänge, die wir Spiele nennen. Was ist ihnen gemeinsam? Wenn du sie anschaust, wirst du ... Ähnlichkeiten entdecken, und zwar eine ganze Reihe. Schau z. B. die Brettspiele an mit ihren mannigfachen Verwandtschaften. Nun gehe zu den Ballspielen über. Dann bleibt manches Gemeinsame erhalten, aber identische Züge verschwinden, andere treten auf. So können wir durch die vielen, vielen Gruppen von Spielen gehen, Ähnlichkeiten auftauchen und verschwinden sehen: Wir haben ein kompliziertes Netz von Ähnlichkeiten, die einander übergreifen und kreuzen. Ich kann diese nicht besser charakterisieren als durch das Wort Familienähnlichkeit – und ich werde sagen: *die Spiele bilden eine Familie*" (Wittgenstein, 1960, § 66 und 67).

Die Ziele der integrativen Anfängerausbildung richten sich auf eine Verbesserung genau dieser *„gemeinsamen, übergreifenden und sich kreuzenden Kompetenzanforderungen"* der Familie der Sportspiele. Sie werden auch als sportspielübergreifende Komponenten der Spielfähigkeit, generelle Spielvoraussetzungen, lernrelevante Knotenpunkte (Bremer, Pfister & Weinberg, 1981, S. 50) oder Spielbausteine (Roth & Kröger, 2011) bezeichnet und als notwendige Bedingung für „jedwedes Spielen-Können" (Medler & Schuster, 2000, S. 13) angesehen.

Dass ein derartiges integratives Lehren und Lernen „funktioniert", ist in fächerübergreifenden und fachbezogenen Einzelstudien nachgewiesen worden. Allerdings gibt es für den Bereich der Sportspiele nur vergleichsweise wenige Untersuchungen. Die bisherigen Befunde stammen vor allem aus dem Leistungssport und der „boomenden" Expertiseforschung. Côté, Baker und Abernethy (2001) haben z. B. herausragende australische und kanadische Sportspieler rückwirkend auf ihre frühen Bewegungs- bzw. Sportbiografien hin befragt. Fast alle Ausnahmekönner gaben an, dass sie auf dem Weg zu ihrem hohen Könnensniveau – vor der Spezialisierung (Specializing- und Investment-Years) – umfangreiche sportspielübergreifende Ausbildungen durchlaufen haben. Der positive Einfluss von allgemeinen Erfahrungssammlungen (Sampling-Phasen) spiegelt sich auch in den Daten von Derad (2006) sowie Hamsen, Greco und Samulski (2000) wider. Ihre Auswertungen von fokussierten Interviews mit Playmakern aus der Basketball-/Handballbundesliga (Derad, 2006) und mit Kreativspielern der brasilianischen und deutschen Fußballnationalmannschaft (Hamsen, Greco & Samulski, 2000) belegen, dass die früheren Sportkarrieren der Ballartisten durch eine wichtige Gemeinsamkeit gekennzeichnet waren: durch einen vielseitigen „Kompetenzerwerb“ in mehreren Spielen und mit unterschiedlichen Bällen.

Erklärungen für die Wirksamkeit integrativer Vermittlungswege liefern die klassischen Annahmen des Transfers allgemeiner Faktoren (Ellis, 1967) oder des vertikalen Transfers nach der Theorie der „identity of procedures“ (vgl. Flammer, 1970; Gagné, 1980). Nach ihnen besitzen generelle Aufgabenlösungskompetenzen einen hohen Übertragungswert auf das Erlernen bzw. die Optimierung spezifischer Fertigkeiten. In der Trainingswissenschaft findet dieses Denken seinen Niederschlag in den Prinzipien der „Vielseitigkeit in der Leistungsentwicklung“ (Martin, Nicolaus, Ostrowski & Rost, 1999, S. 184) und der „Optimalen Relation von allgemeiner und spezieller Ausbildung“ (Martin, Carl & Lehnertz, 1991, S. 40).

Vom Allgemeinen zum Spezifischen

Die Idee der integrativen Kompetenzvermittlung im Handlungsfeld *„Spielen, Spiele“* steht in untrennbarem Zusammenhang mit dem Prinzip *„vom Allgemeinen zum Spezifischen“*. Es verweist auf die selbstverständliche Tatsache, dass sich der Sportunterricht im Laufe der Grundschulzeit verändert.

Ein Blick in die Lehrpläne spricht hier eine deutliche Sprache. Neben den generellen Kompetenzen werden am Ende der Klasse 4 durchaus auch erste Könnensbestände erwartet, die als sportspielgerichtet oder sportspielspezifisch zu kennzeichnen sind. Genannt werden z. B.:

- Der Erwerb von Elementarformen der Rückschlagspiele, Torschussspiele und Wurfspiele (Hessen) bzw. von Spielfertigkeiten in rückschlag- und zielorientierten Spielen (Baden-Württemberg).

- Die sachgerechte Nutzung von Schlägern im Spiel (Bayern, Niedersachsen, Saarland: Badminton, Tennis, Tischtennis; Sachsen-Anhalt: Tischtennis, Badminton, Uni-Hockey).
- Bälle mit dem Fuß oder der Hand spielen können, z. B. mit dem Minibasketball, Minifußball, Minihandball und Minivolleyball (Bayern, Rheinland-Pfalz), Hinführung zu Mini-Sportspielen (Saarland).
- Kombination von Spiel- und Übungsreihen zu zwei Großen Spielen (Rheinland-Pfalz), vorfindbare Sportspiele vollziehen zu können (Hamburg).
- Die Beherrschung von sportartbezogenen Grundtechniken (Baden-Württemberg, Hamburg, Hessen, Sachsen) bzw. der basistaktischen Kompetenzen eines Mannschaftsspiels (Baden-Württemberg, Hamburg, Hessen, Rheinland-Pfalz, Sachsen, Sachsen-Anhalt, Thüringen).
- Die erfolgreiche Umsetzung von spezifischen Spielideen und Spielregeln (Baden-Württemberg, Hamburg, Hessen, Sachsen, Sachsen-Anhalt, Thüringen).
- Das mannschaftsdienliche Ausfüllen von Rollen im Spiel (Hessen, Niedersachsen, Rheinland-Pfalz).

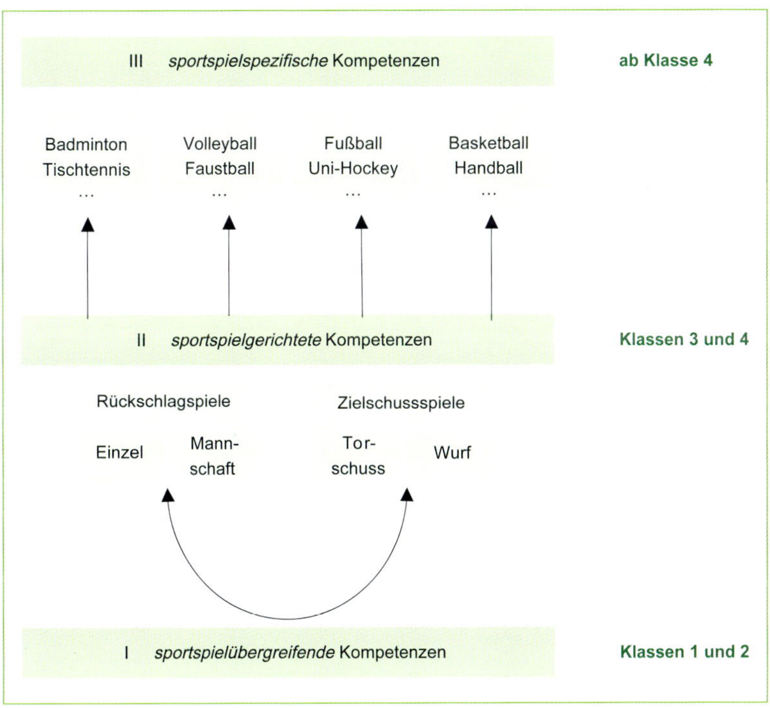

Abb. 2: Der integrative Weg: „Vom Allgemeinen zum Spezifischen"

Die sportspielübergreifenden Ausbildungen werden also zunehmend ergänzt durch Hinführungen zu den Großen Spielen. Dabei ist auf das „Mischungsverhältnis“ zu achten. Generell sollten zu Beginn die allgemeinen Anteile dominieren und allmählich ab der vierten Klasse durch spielgemäße Konzepte zu den einzelnen Zielspielen ergänzt werden.

Dem Praxisteil dieses Bandes liegt das in Abbildung 2 dargestellte *Drei-Ebenen-Modell* zugrunde. Die Spiel- und Übungsstunden der Klassenstufen 1 und 2 werden ausschließlich der *sportspielübergreifenden* Ausbildung gewidmet. Die Grundlage bildet das „ABC des Spielen-Lernens“ der Ballschule von Roth und Kröger (2011).

Auf einer zweiten Stufe schließen sich – in der dritten und teilweise auch noch in der vierten Klasse – die Vermittlungen von teilintegrativen *sportspielgerichteten* Kompetenzen an. Es werden quasi Spielfamilien gebildet, deren Mitglieder untereinander in engeren Verwandtschaftsverhältnissen stehen. Diese Suche nach Gruppierungen von Sportspielen für die Anfängerausbildung hat eine lange Tradition (vgl. Roth, 2002, S. 13–17). Die Ergebnisse scheinen einmal mehr die alte Erkenntnis zu bestätigen, dass „viele Wege nach Rom führen!“ Obwohl der Begriff Familienähnlichkeit verschiedene Auslegungen erfahren hat, konvergieren am Ende die Vorschläge zu einer einheitlichen Systematik. Im deutschsprachigen Raum wird heute von zwei großen Kategorien ausgegangen, die als *Rückschlagspiele* und als *Zielschussspiele* bezeichnet werden. Innerhalb der Gruppen grenzen nahezu alle Autoren die Einzel-Rückschlagspiele und die Mannschaft-Rückschlagspiele sowie die Torschussspiele und die Wurfspiele voneinander ab. Auch hier wird auf die bewährten Inhalte und Methoden der Ballschule zurückgegriffen. Die dritte Ebene beinhaltet schließlich einen „sanften“ Übergang zu *spezifischen* Spielkompetenzen. Bei einer konsequenten Umsetzung des Modells kommen die Kinder also erst nach einer mehrjährigen sportspielübergreifenden und -gerichteten Grundausbildung mit den Großen Sportspielen in Berührung.

4 Klassen 1 und 2: Sportspielübergreifende Kompetenzen

Das ABC der Ballschule

Kompetenzen sollen – wie erläutert wurde – der Bewältigung von Lebensaufgaben dienen. Auf das Handlungsfeld *„Spielen, Spiele"* übertragen und vor dem Hintergrund der integrativen Ausrichtung des Unterrichts im Anfängerbereich haben sich die konkreten inhaltsbezogenen Kompetenzen damit auf die Lösung von allgemeinen Aufgabenstellungen zu beziehen, aus denen sich die Familienähnlichkeit der Sportspiele ergibt. In der Ballschule werden diese Verwandtschaftsmerkmale als *Spielbausteine* bezeichnet. Kurz zusammengefasst: in den Klassen 1 und 2 werden Basiskompetenzen für den Umgang mit den gemeinsamen Bausteinen der Spiele erworben.

Die Ermittlung dieser Bausteine gründet in der Ballschule auf zwei Gruppen von Untersuchungen: auf Entwicklungsstudien und auf umfangreichen Expertenbefragungen. Die genauen Vorgehensweisen und Resultate sind im Band 1 der Reihe PRAXISideen (Roth & Kröger, 2011) nachlesbar. Für das weitere Verständnis ist hier eine einfache Benennung der wichtigsten Ergebnisaspekte ausreichend. Aus der Entwicklungsforschung folgt, dass das frühe Grundschulalter eine trainingsgünstige Phase für drei Kategorien von Spielbausteinen darstellt. Die Kinder verfügen über ein hohes Maß an Lernfähigkeit bzw. Trainierbarkeit für den Kompetenzerwerb zur Bewältigung taktischer, koordinativer und technischer Aufgaben-

Tab. 3: Das ABC für Spielanfänger

Taktik (A)	Koordination (B)	Technik (C)
Anbieten und Orientieren	Ballgefühl	Flugbahn des Balles erkennen
Ballbesitz individuell sichern	Zeitdruck	Mitspielerpositionen/ -Bewegungen erkennen
Ballbesitz kooperativ sichern	Präzisionsdruck	Gegenspielerpositionen/ -Bewegungen erkennen
Überzahl individuell herausspielen	Komplexitätsdruck	Laufweg zum Ball bestimmen
Überzahl kooperativ herausspielen	Organisationsdruck	Spielpunkt des Balles bestimmen
Lücke erkennen	Variabilitätsdruck	Ballbesitz kontrollieren
Abschlussmöglichkeit nutzen	Belastungsdruck	Ballabgabe kontrollieren

stellungen. In der Ballschule werden dementsprechend – nach der ihr eigenen Sprache – Lösungskompetenzen für Taktikbausteine (A), Koordinationsbausteine (B) und Technikbausteine (C) geschult. Aus *A und B und C wird das ABC für Spielanfänger.*

Vor diesem Hintergrund wurden mehrere offene und standardisierte Befragungen von Experten (Haverkamp & Roth, 2006) durchgeführt, mit dem Ziel, die übergreifenden Verwandtschaftsmerkmale innerhalb der drei Säulen der Ballschule zu präzisieren. Aus ursprünglich 235 genannten allgemeinen Spielaufgaben ergaben sich durch Zusammenfassungen die in Tabelle 3 dargestellten 21 Bausteine. Die Kinder erlernen somit „3 x 7"-Basiskompetenzen für „3 x 7"-Spielbausteine.

Taktikbausteine

Mit Blick auf die Taktikschulung ist von Bedeutung, dass im Grundschulalter beste Voraussetzungen für die Förderung der *spielerischen Kreativität* bestehen. Das Alter von 6 bis 13 Jahren kann als so etwas wie eine sensible Phase für Aufmerksamkeits- und komplexe Informationsverarbeitungskompetenzen eingeschätzt werden, die eine wesentliche Voraussetzung für kreatives taktisches Handeln bilden (vgl. zusammenfassend Memmert, 2007). Die sportspielübergreifende Ballschule setzt hier einen klaren Schwerpunkt. Es geht nicht um das „Einpauken" richtiger Standardlösungen für allgemeine Spielaufgaben, sondern um Intuition und Ideenvielfalt.

Die Abfolge der Taktikbausteine in den Tabellen 3 und 4 orientiert sich an der Einteilung der *Angriffsphasen in den Mannschaftsspielen*. Individualtaktisch betrachtet, verlaufen Offensivaktionen vom Anbieten und Orientieren über die individuelle Sicherung des Ballbesitzes und das individuelle Herausspielen einer Überzahl hin zum Erkennen von Lücken mit ihrer Nutzung für den Abschluss. Mannschaftstaktisch schließt sich an das Anbieten und Orientieren, die kooperative Ballsicherung, das kooperative Herausspielen einer Überzahl sowie wiederum das Wahrnehmen und Ausnutzen von Abschlussmöglichkeiten an.

Die sportspielübergreifenden Aufgaben sind durchgängig aus „offensiver Sicht" formuliert. Spiele oder Übungen, in denen sie vorkommen, enthalten zumeist – wenn auch nicht zwangsläufig – im Umkehrschluss die jeweils zugehörigen Defensivbausteine. In diesem Sinne werden auch taktische Basisanforderungen wie Zusammenspiel stören, Lücke schließen oder Abschlussmöglichkeit verhindern verbessert.

Tab. 4: Definition der Taktikbausteine

Anbieten und Orientieren	Taktische Aufgabenstellungen, bei denen es darauf ankommt, zum richtigen Zeitpunkt eine optimale Position auf dem Spielfeld einzunehmen (Freilaufen/Raumaufteilung).
Ballbesitz individuell sichern	Taktische Aufgabenstellungen, bei denen es darauf ankommt, in 1:1-Situationen, also in der Auseinandersetzung mit einem Gegenspieler, den Ballbesitz zu behaupten und Angriffsaktionen einzuleiten.
Ballbesitz kooperativ sichern	Taktische Aufgabenstellungen, bei denen es darauf ankommt, im Zusammenspiel mit Partnern den Ballbesitz zu behaupten und Angriffsaktionen einzuleiten.
Überzahl individuell herausspielen	Taktische Aufgabenstellungen, bei denen es darauf ankommt, sich durch ein „Umgehen" der Gegnerbehinderung – gegebenenfalls unter Einbeziehung einfacher Finten – einen Vorteil zu verschaffen.
Überzahl kooperativ herausspielen	Taktische Aufgabenstellungen, bei denen es darauf ankommt, sich im Zusammenspiel mit Partnern einen Vorteil zu verschaffen.
Lücke erkennen	Taktische Aufgabenstellungen, bei denen es darauf ankommt, sich ergebende Freiräume für die Chance eines „Durchbruchs", eines Abspiels oder eines direkten Tor-/Punktgewinns zu erkennen.
Abschluss-möglichkeit nutzen	Taktische Aufgabenstellungen, bei denen es darauf ankommt, zum richtigen Zeitpunkt und von einer optimalen Position auf dem Spielfeld Lücken für einen Zielpass/-schuss/-wurf oder das Erreichen einer Zielzone zu nutzen.

Koordinationsbausteine

Mit der zweiten Säule B werden allgemeine motorische Kompetenzen angesprochen, die mit dem Vermögen korrespondieren, Bewegungen

- schnell und gut zu *erlernen*
- zielgerichtet und präzise zu *kontrollieren* sowie
- vielfältig und situationsangemessen zu *variieren*

Diese allgemeinen Faktoren bezeichnet man üblicherweise als koordinative Basiskompetenzen oder koordinative Fähigkeiten. Wer ein hohes Koordinationsniveau besitzt, dem soll bewegungsmäßig alles leicht fallen, so wie im kognitiven Bereich Menschen mit überdurchschnittlichem IQ lern- und leistungsfähiger sind. Zielgerichtete Übungsprogramme bewirken bei Grundschulkindern fast eine Verdoppelung des normalen koordinativen Entwicklungsanstiegs. Mit der Ballschule kann also ein „Vorsprung fürs Leben“ erarbeitet werden, denn es ist immer besser, auf „heranreifende“ als auf „ausgereifte“ Funktionen Einfluss zu nehmen.

Im Bereich der Koordinationsbausteine haben die Expertenbefragungen eine hohe Passung zu den klassischen Kriterien für Koordinationsleistungen: Schnelligkeit, Präzision, Komplexität/Organisation und Variabilität (vgl. Tabellen 3 und 5) erbracht.

Tab. 5: Definition der Koordinationsbausteine

Ballgefühl	Koordinative Aufgabenstellungen, bei denen es auf eine geschickte, gut dosierte Kontrolle bzw. Behandlung des Balles ankommt.
Zeitdruck	Koordinative Aufgabenstellungen, bei denen es auf Zeitminimierung bzw. Geschwindigkeitsmaximierung ankommt.
Präzisionsdruck	Koordinative Aufgabenstellungen, bei denen es auf höchstmögliche Genauigkeit ankommt.
Komplexitätsdruck	Koordinative Aufgabenstellungen, bei denen es auf eine Bewältigung vieler hintereinander geschalteter (sukzessiver) Anforderungen ankommt.
Organisationsdruck	Koordinative Aufgabenstellungen, bei denen es auf eine Bewältigung vieler gleichzeitiger (simultaner) Anforderungen ankommt.
Variabilitätsdruck	Koordinative Aufgabenstellungen, bei denen es auf die Bewältigung von Anforderungen unter wechselnden Umgebungs- bzw. Situationsbedingungen ankommt.
Belastungsdruck	Koordinative Aufgabenstellungen, bei denen es auf die Bewältigung von Anforderungen unter physisch-konditionellen oder psychischen Belastungsbedingungen ankommt.

Technikbausteine

Mit der Säule C werden technische Anforderungen in die übergreifende Ballschule einbezogen. Einem möglichen Missverständnis muss jedoch gleich vorgebeugt werden. Es geht in den Klassen 1 und 2 noch keineswegs um das Erlernen spezifischer Sportspielfertigkeiten. Der entscheidende Grundgedanke, der von Hossner (1995) in die bewegungswissenschaftliche Diskussion eingebracht wurde, ist vielmehr darin zu sehen, dass von einem abgrenzbaren Pool motorischer „Puzzleteile" ausgegangen wird, aus dem sich viele, vielleicht sogar mehr oder weniger alle Spieltechniken zusammenfügen lassen. Kortmann und Hossner (1995, S. 53) sprechen von einem Fertigkeitsbaukasten. Für seine Füllung bietet das Grundschulalter wiederum beste Voraussetzungen (vgl. zusammenfassend Roth & Roth, 2009). Die hohe motorische Lernfähigkeit bewirkt, dass sich die elementaren motorischen Fertigkeiten (Laufen, Springen, Schießen, Werfen usw.) optimieren, also stabilisieren und variantenreicher verfügbar werden. Sie differenzieren sich zudem aus (Laufen → Sprintlauf, Dauerlauf; Werfen → Weitwurf, Zielwurf

Tab. 6: Definition der Technikbausteine

Flugbahn des Balles erkennen	Perzeptive Aufgabenstellungen, bei denen es darauf ankommt, die Weite, die Richtung und die Geschwindigkeit eines heran fliegenden Balles zu antizipieren und wahrzunehmen.
Mitspieler-positionen/ -Bewegungen erkennen	Perzeptive Aufgabenstellungen, bei denen es darauf ankommt, die Positionen sowie die Laufwege und -geschwindigkeiten eines oder mehrerer Mitspieler zu antizipieren und wahrzunehmen.
Gegenspieler-positionen/ -Bewegungen erkennen	Perzeptive Aufgabenstellungen, bei denen es darauf ankommt, die Positionen sowie die Laufwege und -geschwindigkeiten eines oder mehrerer Gegenspieler zu antizipieren und wahrzunehmen.
Laufweg zum Ball bestimmen	Perzeptiv-motorische Aufgabenstellungen, bei denen es darauf ankommt, die erforderliche Weite, Richtung und Geschwindigkeit des Laufwegs zum Ball zu antizipieren und festzulegen.
Spielpunkt des Balles bestimmen	Perzeptiv-motorische Aufgabenstellungen, bei denen es darauf ankommt, die Stellung/den Abstand zum Ball sowie den optimalen Zeitraum/Ort des Spielpunktes zu antizipieren und festzulegen.
Ballbesitz kontrollieren	Motorische Aufgabenstellungen, bei denen es darauf ankommt, heranfliegende Bälle an-/mitzunehmen und den Ball zu führen.
Ballabgabe kontrollieren	Motorische Aufgabenstellungen, bei denen es darauf ankommt, den Krafteinsatz und die Richtung (die Winkel) eines geschlagenen, geschossenen oder geworfenen Balles zu steuern.

usw.) und die Kinder erlernen ihre sukzessive und simultane Kombination. Damit ergeben sich sehr gute Bedingungen für die Bewältigung der Technikbausteine, die in den Tabellen 3 und 6 zusammengefasst sind.

Die Bausteine sind grob nach ihrer Reihung im *Phasenablauf von Spielhandlungen* geordnet. Der Ausgangspunkt für einzelne Spielhandlungen ist im Erkennen der Flugbahn des Balles sowie der Positionen bzw. Laufwege der Mit- und Gegenspieler zu sehen. Es folgen die Festlegungen der Laufwege und der Stellung zum Ball sowie seines Spielpunktes. Am Ende stehen die Ballan- und -mitnahme, die Ballführung sowie die Steuerung der Ballabgabe.

5 Klassen 3 und 4: Sportspielgerichtete Kompetenzen

Die ersten Schritte zur Spezialisierung im Handlungsfeld *„Spielen, Spiele"* erfolgen über die Zwischenstufe sportspielgerichteter Ausbildungen in den *Rückschlagspielen* und den *Zielschussspielen*. Diese liefern wertvolle Orientierungshilfen für die Schüler und tragen zur Bewältigung des Zeitproblems bei, das sich aus den immer „zahlreicher werdenden Inhalten in den Lehrplänen" (Medler & Schuster 2000, S. 9) sowie dem teilweise zu beobachtenden Abbau der Sportstunden ergibt. Die Einteilung der Sportspiele bildet darüber hinaus eine sinnvolle Basis für die später notwendigen Entscheidungen, welche Spiele im Unterricht zu vertiefen sind. Werner und Almond (1990, S. 23) u. a. fordern für den Schulsport „Well-balanced Games Programs", bei denen – auf der dritten Stufe des integrativen Lehrens und Lernens – spezifische Spiele aus beiden Strukturgruppen einbezogen werden.

Das ABC der Ballschule Rückschlagspiele

Die Frage, was die Gemeinsamkeiten oder Familienähnlichkeiten der „Net/Wall-", „Net-" und „Court-Games" – also der Rückschlagspiele – ausmacht, wird in der englisch- und deutschsprachigen Literatur bereits seit mehr als 25 Jahren diskutiert. Die nachfolgende Begriffsbestimmung findet sich sinngemäß u. a. bei Bremer, Pfister und Weinberg (1981), Medler und Schuster (2000), Adolph und Hönl (1998) sowie in dem Symposiumsbericht der Kommission Tennis der Deutschen Vereinigung für Sportwissenschaft aus dem Jahr 1997 (Hoffmann & Koch, 1997).

Die Gemeinsamkeiten der Rückschlagspiele werden durch die beiden Wortsilben *„Rück"* und *„Schlag"* zum Ausdruck gebracht. Die erste Silbe verweist darauf, dass ein bestimmtes Spielobjekt (Ball, Federball, Indiaca ...) zwischen zwei Parteien hin und her gespielt wird. Die zweite Silbe verdeutlicht, dass es zu keinem eigentlichen „Besitz" des Spielobjektes kommt. Charakteristisch ist vielmehr eine nur kurzzeitige Berührung mit der Hand oder einem Schlaggerät. Das Ziel besteht darin, das Spielobjekt so in das gegnerische Feld oder über eine Wand in das eigene Feld zu schlagen, dass kein regelgerechter Rückschlag mehr möglich ist.

Die Planung der Ballschule für diese Sportspielgruppe setzt eine Überprüfung des Stellenwertes der 3 x 7-Bausteine im Anforderungsprofil der Rückschlagspiele voraus. Memmert und Roth (2001) haben hierzu Experten (National-/Bundesligatrainer, Trainer mit A- oder B-Lizenzen) aus den Sportarten Volleyball, Beachvolleyball, Badminton, Squash, Tennis und Tischtennis befragt. In Tabelle 7 sind jene 12 Bausteine zusammengefasst, denen nach der Einschätzung der Trainer die höchste Bedeutung beizumessen ist. Im Mittelpunkt des Spielunterrichts in den Rückschlagspielen stehen (erwartungsgemäß) die *motorischen* Aufgabenstellungen. Acht der wichtigsten Bausteine kommen aus den Bereichen Technik und Koordination.

Tab. 7: Das ABC der Rückschlagspiele
(in Klammern: mittlere Bedeutungszuweisungen auf einer Skala von 1 bis 6)

Taktik (A)	Koordination (B)	Technik (C)
Überzahl kooperativ herausspielen (5.50)	Präzisionsdruck (5.48)	Flugbahn des Balles erkennen (5.54)
Abschlussmöglichkeit nutzen (5.36)	Variabilitätsdruck (5.12)	Spielpunkt des Balles bestimmen (5.48)
Lücke erkennen (5.24)	Organisationsdruck (5.04)	Ballabgabe kontrollieren (5.48)
Ballbesitz kooperativ sichern (4.96)		Laufwege und -tempo zum Ball festlegen (5.44)
		Gegenspielerpositionen/ -Bewegungen erkennen (4.96)

Das ABC der Ballschule Zielschussspiele

Nicht wenige sehen in den Zielschussspielen („Invasion Games with Focused Targets“) die natürlichste Form des Spielens mit dem Ball. Besonders Werfen gehört zu den Elementartätigkeiten wie Laufen, Klettern oder Springen (Ziesmer, 1984, S. 47). Volkstümliche Spiele sind dementsprechend von ihrer Grundidee her zumeist Zielschussspiele (Behrends, 1984, S. 56).

Die zentrale Gemeinsamkeit aller Zielschussspiele wird durch die beiden ersten Wortsilben zum Ausdruck gebracht. Sie verweisen darauf, dass der Spielgedanke darin besteht, mit dem Fuß, einem Schläger oder der Hand ein Ziel zu treffen – sei es ein Tor, einen Korb, ein anderes Spielgerät oder auch einen Gegenspieler.
Weitere typische – aber nicht zwingend notwendige – Charakteristika von Zielschussspielen sind:

- Das Spielgerät (Movendum) ist ein Ball.
- Das Bemühen um Trefferoptimierung.
- Das ständige Pendeln des Spielgeschehens zwischen zwei Zielen nach dem Prinzip der Simultanität und Korrespondenz.
- Das Spielen in zwei gleich großen Gruppen. Dabei geben die Spielformen in der Regel insofern maximale Gelegenheit zum Schlagen, Schießen oder Werfen als auch das Zusammenspiel innerhalb oder zwischen den Gruppen anhand dieser Basisfertigkeiten erfolgt.

Spiele mit diesen Merkmalen bilden sowohl die Basis für Torschussspiele (Fußball, Hockey usw.) als auch für *Wurfspiele* (Basketball, Handball usw.) (vgl. Abb. 2). Expertenbefragungen (Uhlig, 2007: Torschussspiele; Haverkamp & Roth, 2006: Wurfspiele) bestätigen die landläufige Auffassung, dass die Zielschussspiele primär *taktisch* geprägt sind. Motorische Defizite sind im Anfänger- wie auch im Fortgeschrittenenbereich besser zu kompensieren als bei den Rückschlagspielen. Der Anteil der Bereiche A, B und C dreht sich daher im Vergleich zu den „Net/Wall-Games" um. Während alle

Tab. 8: Das ABC der Zielschussspiele

Taktik (A)	Koordination (B)	Technik (C)
Überzahl kooperativ herausspielen	Variabilitätsdruck	Ballabgabe kontrollieren
Abschlussmöglichkeit nutzen	Präzisionsdruck	Laufwege und -tempo zum Ball festlegen
Überzahl individuell herausspielen		Ballbesitz kontrollieren
Ballbesitz kooperativ sichern		
Ballbesitz individuell sichern		
Anbieten und Orientieren		
Lücke erkennen		

sieben Taktikbausteine in die Top 12 eingeordnet werden, spielen insgesamt neun der allgemeinen motorischen Anforderungen bei den ersten Schritten zu den Zielschussspielen eine eher nachgeordnete Rolle. Die Tabelle 8 zeigt die aus den Resultaten der Studien abgeleiteten Bausteine.

Zwei Anmerkungen sind wesentlich. Erstens spricht die Tatsache, dass fünf der 21 Bausteine in den Tabellen 7 und 8 nicht ausdrücklich erwähnt werden, in keiner Weise gegen ihre sportspielübergreifende Bedeutung. Sie gehören aus Expertensicht lediglich nicht zu den jeweils 12 wichtigsten zu lösenden Spielaufgaben. Zweitens verwundert es kaum, dass mit dem Ballgefühl, Zeitdruck, Komplexitätsdruck und Belastungsdruck mehr als die Hälfte der Koordinationsbausteine unberücksichtigt bleibt. Die koordinativen Anforderungsklassen sind von höherem Allgemeinheitsgrad als die Taktik- und Technikbausteine. Daher gewinnen die letztgenannten – nach Meinung der Trainer – bei einer zunehmend sportspielgerichteten Betrachtung an relativem Gewicht.

6 Ab Klasse 4: Die spielgemäße Hinführung zu den Großen Spielen

„Die Vermittlungen auf der zweiten Ballschul-Stufe münden in die Einführungskonzepte für spezifische Sportspiele. Die dann angestrebten speziellen Spielfähigkeiten „sind aus der Sicht des Lebens ein vagabundierender Luxus. Wir müssen spielen, aber ... Badminton, Volleyball, Fußball oder Basketball dürfen, können wir spielen. Wie es beliebt!“ (Hagedorn, 1988, S. 26).

Die dritte Stufe der Sportspielausbildung in der vierten Klasse der Grundschule ist eigentlich keine Stufe. Und zumindest für die Schule erscheint auch die Formel „Wie es beliebt!“ nicht ganz zutreffend. Zum einen gibt es einen kontinuierlichen, nahtlosen Übergang von der Ballschule Zielschussspiele zum Fußball und Basketball sowie von der Ballschule Rückschlagspiele zur Einführung, z. B. in das Badmintonspiel. Die genannten Sportarten könnten auch durch die Spiele Hockey, Handball und Volleyball ersetzt

werden. Zum anderen resultiert aus der bereits im vorangegangenen Abschnitt angesprochenen Forderung nach „Well-balanced Games Programs", dass im Sportunterricht „es belieben sollte!" beide Teilfamilien der Sportspiele zu berücksichtigen.

Die Hinführungen zu den Großen Spielen beruhen auf zwei inhaltsbezogenen Kompetenzbereichen. Im *ersten* geht es um die Bewältigung der einfachsten taktischen und technischen Aufgabenstellungen der zu erlernenden Sportspiele. Sie können – gemäß der Ballschul-Terminologie – als *grundlegende, spezifische Taktik-* und *Technikbausteine* bezeichnet werden. In Tabelle 9 sind jene Elementarbausteine benannt, die in den Beispielstunden im Kapitel III angesprochen werden. Hier gilt wiederum, dass zumeist die jeweils zugehörigen Defensivbausteine mitgeschult werden. Bei den Technikbausteinen in der letzten Hauptspalte sind in Klammern jene Fertigkeiten angeführt, die zur motorischen Lösung der Spielaufgaben herangezogen werden sollen. Der zweite Kompetenzbereich bezieht sich weiterhin auf den Umgang mit den 12 Bausteinen aus den zugehörigen sportspielgerichteten Ausbildungsstufen. Gespielt und geübt wird jetzt allerdings – mit Blick auf das Zielspiel – vorwiegend mit dem Fuß *oder* mit der Hand *oder* mit Schlägern.

Tab. 9: Elementare, spezifische Taktik- und Technikbausteine der Sportspiele Fußball, Basketball und Badminton

Sportspiele	Taktikbausteine	Technikbausteine
Fußball	Ball zum Ziel (Tor) bringen Tore erzielen	Ballführen (dribbeln) Ball zuspielen (passen – Fuß) Torschuss (Innenseit-/Spannstoß)
Basketball	Ball zum Ziel (Korb) bringen Körbe erzielen	Ballannahme (fangen) Ballführen (prellen) Ball zuspielen (passen – Hand) Korbwurf (Positionswurf)
Badminton	Spiel eröffnen Ball im Spiel halten Punkte erzielen	Ball ins Spiel bringen (Aufschlag von unten) Ball zuspielen (Schlag von unten) Angriff (Schlag von oben)

7 Methodische Grundüberlegungen

Den Auswahlen der inhaltsbezogenen Kompetenzen und der zugehörigen Aufgabenstellungen (Bausteine) werden in der Ballschule generelle methodische Entscheidungen zur Anfängerausbildung im Handlungsfeld *„Spielen, Spiele"* zur Seite gestellt.

Sie lassen sich über vier Leitlinien kennzeichnen:

- Das Prinzip der Eindimensionalität.
- Das Prinzip der Eigenständigkeit.
- Das Prinzip der Vielseitigkeit der motorischen Ausführungsformen.
- Das Prinzip des spielerisch-impliziten Lernens.

Den genannten Leitlinien ist gemeinsam, dass ihre Einflusshöhen in der Grundschulzeit – also über die drei Stufen der integrativen Vermittlung hinweg – langsam, aber kontinuierlich abnehmen. Die Prinzipien könnten auch in eine „Von ... zu ..."- oder „Vom ... zum ..."-Formulierung gebracht werden:

- „Von eindimensionalen zu komplexen, mehrdimensionalen Spiel-/Übungsaufgaben!"
- „Von eigenständigen Spiel-/Übungsformen zu Spiel-/Übungsreihen!"
- „Vom Spielen/Üben mit Fuß, Hand *und* Schlägern zum Spielen/Üben mit Fuß, Hand *oder* Schlägern!"
- „Vom unangeleiteten Spielen/Üben zum instruierten bzw. expliziten Spielen/Üben!"

Das Prinzip der Eindimensionalität

In den Praxiskapiteln dieses Bandes wird auf eigens konstruierte *Baustein-Spiele* und *Baustein-Übungen* zurückgegriffen (vgl. Roth & Kröger, 2011, S. 26-36). Es handelt sich um Spiel- und Übungsformen, bei denen die Kinder häufig wiederkehrend Aufgabenstellungen aus dem Pool der 21 Bausteine (Kapitel 4) bzw. 2 x 12 Bausteine (Kapitel 5) zu bewältigen haben. Dabei dominieren zu Beginn – insbesondere auf der Stufe 1 – *eindimensionale* Spiele und Übungen, die auf die Verbesserung einzelner taktischer, koordinativer oder technischer Kompetenzen gerichtet sind. Sie können als „One-Dimension-Games“ (vgl. Memmert & König, 2012, S. 23) und „One-Dimension-Exercises“ bezeichnet werden.

Im weiteren Verlauf des integrativen Vermittlungsweges können dann vermehrt *komplexe, mehrdimensionale* Baustein-Schulungen einbezogen werden: Sie entstehen aus einer Addition mehrerer allgemeiner Spielaufgaben.

Das Prinzip der Eigenständigkeit

Baustein-Spiele und Baustein-Übungen tragen durch und durch eigenständigen Charakter. Sie sind untereinander gleichwertig. Vor diesem Hintergrund verbieten sich feste *Reihungsvorschriften* für die Baustein-Spiele und Baustein-Übungen und damit auch für die nachfolgenden Stundenbeispiele. Dennoch können die Spiele und Übungen natürlich nicht nach dem Prinzip „Anything Goes!“ zusammengestellt werden. Die Kinder entwickeln in der Grundschulzeit ein stetig ansteigendes Kompetenzniveau für den Umgang mit den 21 bzw. 2 x 12 Bausteinen. Die Spiele und Übungen sind daher zu verändern, „wenn es langweilig wird und die Schülerinnen und Schüler nicht mehr genügend herausgefordert werden“ (Dietrich, 1985, S. 19). Insofern ist wohl doch so etwas wie eine Reihungslogik zu beachten. So wird es in aller Regel sinnvoll sein, z. B. Spiele mit geringer Partnerunterstützung, ohne positionsspezifische Aufgaben und ohne Gegenpartei *vor* dynamischen Teamspielen mit hohen Anforderungen an das „Wir-Bewusstsein“ durchzuführen.

Den Doppelstunden in den Kapiteln 4 und 5 wird jeweils eine Schwierigkeitskennziffer zwischen I und III zugeordnet. Mit ihr wird quasi eine Empfehlung für die Abfolge der Unterrichtseinheiten gegeben. Die Bedeutung der Schwierigkeitsreihung als Gestaltungsprinzip nimmt über die drei Ebenen des integrativen

Tab. 10: Methodische Formen zur Entwicklung der sportspielspezifischen Kompetenzen

Methodische Form	Kurzcharakteristik
Grundspiele/ Rohformen des Spiels	... nehmen das Spielthema, das vorherrschende Geschehen und das Regelwerk des Großen Spiels in einfacher Form vorweg. „Ohne das Typische zu verfälschen, sollen die Grundformen schon von Anfängern im Kindesalter gespielt werden können" (Dietrich, Dürrwächter & Schaller, 1994, S. 23).
Kleine Sportspiele	... dienen der Entwicklung der taktischen und motorischen Grundlagen der Großen Sportspiele. Sie beinhalten alle Handlungsschwerpunkte und sind durch „den betonten Kampfcharakter, durch die mehr oder weniger erlaubte Gegnerbehinderung ... sowie durch einen hohen Beanspruchungsgrad gekennzeichnet" (Döbler & Döbler, 1998, S. 287).
Minispiele	... sind Varianten der Großen Sportspiele, die sich für Kinder im Primarstufenalter eignen. Teilweise haben sich diese Spiele „im verbandlichen System als Rundenspiele oder in Turnierform durchgesetzt" (Kuhlmann, 2003, S. 140).

Lehrweges zu. Für die letzte Phase der Sportspielvermittlung an der Grundschule wird die Umsetzung und Anwendung spezifischer Spielideen und Spielregeln gefordert (Kapitel 6). Zum Erwerb solcher komplexen Kompetenzen aus den Großen Sportspielen erscheint ein Denken und Planen in Teilschritten unumgänglich. In den Unterricht werden nunmehr ausdrücklich die bekannten *Reihenkonzeptionen* einbezogen: die Spielreihen und die Übungsreihen.

Die klassischen *Methodischen Spielreihen* werden – nach dem Prinzip der rückläufigen Vereinfachung – zusammengebaut. Sie starten mit elementaren und komplexen Grundspielen über einfache und komplexe Kleine Sportspiele und/oder Minispiele hin zu den Zielspielen. Tabelle 10 illustriert, was man sich unter diesen vorbereitenden Spielformen vorzustellen hat. In der Primarstufe wird dieser Weg gewöhnlich nicht bis zum Ende durchschritten werden können. Die anzustrebende Endstufe wird zumeist auf der Ebene der Minispiele anzusiedeln sein.

Bei *Methodischen Übungsreihen* werden „kleine und kleinste Grundelemente aus dem Spielgeschehen herausgelöst" (Dietrich, Dürrwächter & Schaller, 1994, S. 25). Die Ganzheit des Spiels und der Spielidee wird aufgegeben. Ziel ist die Verbesserung taktischer oder motorischer (koordinativer, technischer) Kompetenzen. Werden die Übungsformen „mit einem Wettbewerbsgedanken überzogen", dann spricht man von *spielerisch eingekleideten* Übungen. Hierzu gehören z. B. Wurf-, Pass- und Dribbelwettbewerbe in Staffelform (Zeit) oder das Zielwerfen/-schießen mit dem Basket-, Hand-, Fuß- bzw. Hockeyball (Treffer). Auch in den Übungsreihen bilden einfache Aufgabenstellungen den Ausgangspunkt, die im taktischen wie im motorischen Bereich zunehmend komplexer gestaltet werden.

Die beiden genannten Reihenformen können auf der dritten Stufe des Ballschulweges eingesetzt und kombiniert werden. Sofern – und dies ist eine entscheidende Einschränkung – die vier methodischen Leitlinien der Ballschule hinreichend beachtet werden.

Das Prinzip der Vielseitigkeit der motorischen Ausführungsformen

Das integrative Motto „Vom Allgemeinen zum Spezifischen" spiegelt sich auch in den motorischen Ausführungsformen wider, die bei der Lösung der Bausteinanforderungen zur Anwendung kommen. In die sportspielübergreifende Ballschule werden bevorzugt Baustein-Spiele und Baustein-Übungen einbezogen, bei denen wahlweise mit der Hand, dem Fuß oder mit Schlägern agiert werden kann: *„Vielseitigkeit ist Trumpf!"* Aber auch hier gibt es fortschreitende Schwerpunktverschiebungen. Auf der sportspielgerichteten Ebene wird in den Rückschlagspielstunden vorrangig mit der Hand und mit Schlägern und in den Zielschussspielen mit der Hand und dem Fuß gespielt bzw. geübt. Auf der Stufe 3 verläuft dann der Pfad hin zu den Großen Sportspielen über Reihen, bei denen nur noch eine der motorischen Ausführungsformen eingesetzt wird.

Das Prinzip des spielerisch-impliziten Lernens

Mit der vierten methodischen Leitlinie wird ein Primat des Spielens für die ersten Schritte ins Ballspiel-Leben zum Ausdruck gebracht. Die Kinder handeln weitgehend unangeleitet und werden kaum oder gar nicht korrigiert. Dieses „Vertrauen" auf ein einfaches „Spielen lassen" beruht auf der Erkenntnis, dass wir Menschen intuitiv, unbewusst, quasi spielerisch-beiläufig Kompetenzen erwerben können.

Was ist damit gemeint? Lernen kann man, indem man übt, z. B. Vokabeln oder Bruchrechnen. Das kennen wir alle. Psychologen nennen das *explizites Lernen*. Wir können uns aber auch „nebenbei" Wissen oder Können aneignen, ohne uns anzustrengen. Dann spricht man von *implizitem Lernen*. Z. B. erwerben wir die Grammatiken von Sprachen vorwiegend implizit. Durch ständiges Sprechen beherrschen Heranwachsende irgendwann die wesentlichen Regeln, ohne dass ihnen das klar sein muss und ohne dass es ihnen möglich wäre, diese komplett zu benennen oder zu erklären. Auch in der Ballschule erwerben die Kinder zunächst keine bewussten Kenntnisse, z. B. zu taktischen Aufgabenlösungen, sondern handeln zunehmend situationsgerechter, weil sie vielseitige spielerische Erfahrungen gesammelt haben. Auf diese Weise wird der Gefahr vorgebeugt, dass bewusstes taktisches Denken oder frühe Anweisungen zu Wahrnehmungseinschränkungen führen und die beste Nutzung („best use") der Spielinformationen verhindern.

Das ist dennoch nur die frühe, wenn auch wichtigste Seite der Ballschul-Medaille. Aus der Tatsache, dass implizit gelernt werden kann, ist nicht ableitbar, dass auf angeleitete Vermittlungsprozesse gänzlich verzichtet werden sollte. Das wäre wenig plausibel, ja sogar kontraintuitiv. Spätestens im Rahmen der Reihenkonzeptionen auf der dritten Stufe des integrativen Lehrweges gewinnen Lehrerinstruktionen und Reflexionen der Schüler an Bedeutung. Wie bei allen anderen Prinzipien kommt es also auf den Zeitpunkt und die richtige Mixtur an.

8 Zusammenfassung

- Im Grundschulunterricht sind *Kompetenzen* zu vermitteln. Das ist in den Bildungsplänen der Bundesländer so festgelegt. Zu unterscheiden ist zwischen überfachlichen und fachlichen Kompetenzen. Beide Arten von Kompetenzen sind in allen Fächern zu vermitteln, also auch im Sportunterricht und damit auch im Handlungsfeld *„Spielen, Spiele"*. Das findet in den Kapiteln 4 bis 6 seinen Niederschlag.

- Mit dem sportspielübergreifenden *Ballschul-ABC* werden die fachlich-inhaltsbezogenen Kompetenzen für die Klassen 1 und 2 konkret benannt. Es soll den Kindern so vertraut werden wie das normale ABC. Ähnlich wie Buchstaben das Baumaterial für Wörter und Sätze bilden, besteht das ABC der Ballschule aus Bausteinen, die in mehr oder weniger allen Sportspielen vorkommen.

- Etwas genauer betrachtet lernen die Kinder auf einer ersten Stufe mit „3 x 7"-allgemeinen Aufgabenstellungen umzugehen, die für die *Familie der Sportspiele* typisch sind. In diesem Sinne werden sie z. B. geschult, „Lücken zu erkennen", sie verbessern ihre Ballkoordination und erwerben das Vermögen, die Flugbahn von Bällen einzuschätzen.

- In den Klassen 3 und 4 kommen auf einer zweiten Ebene *sportspielgerichtete* Konzepte zum Tragen: die Ballschule Rückschlagspiele und die Ballschule Zielschussspiele. Hier erfolgt eine Konzentration auf jeweils 12 der 21 Bausteine und auf motorische Ausführungsformen mit dem Fuß, der Hand oder dem Schläger. Diese Ebene bildet das Bindeglied zu der *sportspielspezifischen* Orientierung auf der dritten Stufe der Anfängerausbildung. Mit ihr sollte nicht vor der vierten Klasse begonnen werden.

- Didaktisch-methodisch beinhaltet die Ballschule einige Besonderheiten, man könnte auch sagen Eigenheiten. Sie können über die Prinzipien der Eindimensionalität, der Eigenständigkeit, der Vielseitigkeit der motorischen Ausführungsformen und des spielerisch-impliziten Lernens gekennzeichnet werden.

- Auch in einem praxiszentrierten Buch mit Stundenbeispielen ist es ratsam, die Theorieteile nicht einfach zu überblättern. Der souveräne und kreative Umgang mit den Baustein-Spielen und Baustein-Übungen sowie mit den methodischen Reihen korrespondiert mit der Kenntnis der wissenschaftlichen Grundlagen. Literaturabstinenz ist daher sicher kein Markenzeichen für eine gute Unterrichtungsplanung und -gestaltung: *„Wer von der Theorie nichts versteht, ist noch lange kein guter Praktiker".* Das Umgekehrte gilt übrigens auch!

II

Praktisch-methodische Vorüberlegungen: Wegweiser für die Kapitel III bis V

Der Wegweiser für die Kapitel III bis V beginnt mit einer Erinnerung. Die vorgestellten Stundenbeispiele sind den in Tabelle 11 angeführten drei Ballschul-Stufen zuzuordnen.

Tab. 11: Die Systematik des Praxisteils

Kapitel III **Stufe 1**	sportspielübergreifende Ballschule	3 x 7-Basiskompetenzen	Klassen 1 und 2
Kapitel IV **Stufe 2**	sportspielgerichtete Ballschulen (Zielschussspiele, Rückschlagspiele)	jeweils 12-Basiskompetenzen	Klassen 3 und 4
Kapitel V **Stufe 3**	sportspielspezifische Ballschulen (Fußball, Basketball, Badminton)	jeweils 12-Basiskompetenzen *plus* einfache taktische Kompetenzen und Techniken der Sportspiele	ab Klasse 4

Die Auswahl und Durchführung der Spiele bzw. Übungen ist in der Praxis umfangreich erprobt worden. Es hat sich dabei immer wieder gezeigt, dass Unterrichtseinheiten mit vielen Bällen naturgemäß etwas „unruhiger" sind. Es wird kaum Situationen geben, in denen z. B. bei der Erläuterung eines Spiels oder einer Übung nicht wenigstens ein Kind seinen Ball prellt, einem Ball hinterher läuft usw. Das sollte von den Lehrern nicht sofort als Nachteil oder als störend empfunden werden. Ballschul-Stunden müssen lebendig sein und den Kindern vor allem Freude bereiten. Spaß ist nun einmal der beste Nährboden für das „ABC des Spielen-Lernens".

Ballschule

1 Rahmenbedingungen für die Konzeption der Doppelstunden

Mittlerweile sind es fast 10 000 Kinder, die in Kindergärten, Sport-AGs an den Grundschulen oder Sportvereinen in Ballschulgruppen spielen und üben. In den veröffentlichten Lehrplänen aus der Reihe PRAXISideen – und so wird dies bisher auch umgesetzt – wird davon ausgegangen, dass die Gruppen aus 10 bis 15 Kindern bestehen und dass zudem so genannte Ballschul-Pakete verfügbar sind, mit vielen unterschiedlichen Bällen, Mini-Schlägern usw.

Der „normale" Sportunterricht an Grundschulen sieht gewöhnlich anders aus. Das wird bei den Stundenentwürfen in den Kapiteln III bis V ausdrücklich mitbedacht. Sie orientieren sich an folgenden *Rahmenbedingungen:*

- (Durchschnittlich) 24 teilnehmende Schüler.
- Heterogenes Leistungsniveau der Schüler, es treffen kleine Experten und Spielanfänger zusammen.
- Kleine Sporthallen oder Hallendrittel.
- Keine überdurchschnittliche Ausstattung mit Spielgeräten.
- Oft Einzel- und keine Doppelstunden.

Die angebotenen Spiele und Übungen müssen also einfach und differenzierbar, d. h. an den Könnensstand der Kinder sowie an die Räumlichkeiten und vorhandenen Materialien anpassbar sein. Zu betonen ist, dass die Beispielsammlung nicht als „Kochbuch mit Patentrezepten" missverstanden werden darf. Es bleibt die Aufgabe des Sportlehrers, den Unterrichtseinheiten den für seine Klasse passenden „Feinschliff" zu geben.

Klassengröße

Grundschullehrer unterrichten zumeist in Klassen mit 21 bis 28 Schüler. Daher sind die Doppelstunden in den Kapiteln III bis V für Durchschnittsklassen mit (etwa) 24 Kindern gedacht. Generell gilt, dass die Klassengröße für die Durchführung von Übungen zu den koordinativen oder technischen Basiskompetenzen – die meist in Kleingruppen stattfinden – eine eher untergeordnete Rolle spielt. Anders stellt sich die Situation bei den Spielen im Bereich der taktischen Basiskompetenzen dar. Hier muss die Schülerzahl bei der Stundenplanung unbedingt berücksichtigt werden.

Einige Spiele sind so konzipiert, dass sie in *Großgruppen* gespielt werden können, z. B. „Zombieball" (S. 84). Sollte ein Spiel nicht mit allen Schülern durchführbar sein, kann die Klasse u. U. auf *parallele Spielräume* verteilt werden, z. B. über eine Abtrennung der Felder durch Turnbänke. Da die meisten Baustein-Spiele nur wenige, einfache Regeln beinhalten und beim Spielen auf Instruktionen und Korrekturen weitgehend verzichtet werden soll, ist es für den Lehrer gut möglich, mehrere Gruppen gleichzeitig zu betreuen.

Für Spiele, bei denen unter den gegebenen Bedingungen eine Aufteilung in abgrenzbare Felder nicht umsetzbar ist, wird eine gute Raumplanung notwendig. Z. B. kann mit einer größeren *Zahl an Toren* (vier statt nur zwei Tore) oder Bällen (zwei Bälle statt nur einem Ball) gespielt werden. Oder es besteht die Möglichkeit, das Feld in *verschiedene Zonen* – z. B. eine Verteidigungs-, eine Mittel- und eine Angriffszone – zu unterteilen. Jeder Schüler agiert dann in einem festgelegten Raum, in dem sich nur kleinere Gruppen von Kindern befinden.

Wenn ein Spiel trotz dieser Anpassungen nicht mit 24 Kindern „funktioniert", empfiehlt es sich die Mannschaften noch einmal zu teilen. Während die eine Hälfte der Gruppe spielt, feuert die andere ihr Team von einer Seitenzone oder Turnbank aus an. Wichtig ist, dass nach relativ kurzer Zeit (maximal 5 Minuten) die Rollen getauscht werden.

Heterogenes Leistungsniveau

Der motorische Entwicklungsstand und die Spielfähigkeit von Grundschulkindern gleicher Klassenstufen unterscheiden sich häufig erheblich. Es stellt sich dann die Frage, wie die damit einhergehende Dominanz von Schülern mit fortgeschrittenem Leistungsniveau relativiert und die Teilhabe schwächerer Kinder am Sportspiel-Unterricht gewährleistet werden kann. Kolb (2012) schlägt in diesem Zusammenhang zehn *Spielveränderungsprinzipien* vor. Sie sollten besonders bei der Planung der (Doppel-)Stunden für die Klassenstufen 3 und 4 (Kapitel IV) beachtet werden:

- *Prinzip 1: Das Spielfeld in Zonen unterteilen, in denen sich nur bestimmte Spieler beider Teams aufhalten dürfen!*

  Durch die Begrenzung des Aktionsfelds der Schüler auf einzelne Spielzonen wird weitestgehend verhindert, dass spielstarke Kinder den Ball alleine von hinten nach vorne treiben. Der Ballbesitz wird besser auf alle Spieler eines Teams verteilt. Die Zonen sollten – um vergleichbare Spielerlebnisse zu vermitteln – nach einigen Minuten getauscht werden, sodass jeder Schüler einmal in jeder Zone agiert hat.

- *Prinzip 2: Alternative Formen des Fangens und Stoppens des Balles einführen!*
  Um das mangelnde Vermögen einzelner Schüler, den Ball zu fangen oder zu stoppen auszugleichen, ist es sinnvoll, alternative Formen der Ballannahme (die keinem Schüler geläufig sind) einzuführen. Z. B. können mit dem Fuß gespielte Bälle mit einem Hütchen oder mit der Hand gestoppt werden. Sobald der Spieler den Ball mit dem Hütchen unter Kontrolle gebracht hat, darf er nicht mehr angegriffen werden. Die Bälle können mit dem Hütchen auch gefangen werden.

- *Prinzip 3: Den Spielern unterschiedliche Spieltechniken zuordnen!*
  Zur besseren Einbindung der spielschwachen Schüler, lassen sich den Spielern unterschiedliche Techniken zuordnen, z. B. darf der eine Teil der Mannschaft den Ball nur mit der Hand stoppen, der andere Teil nur mit dem Fuß. Entweder entscheiden die Teams selbst, wer welche Technik anwendet oder der Lehrer teilt ein und kann so die schwerere Technik den spielstärkeren Schülern zuordnen.

- *Prinzip 4: Mehrere Angriffsziele pro Team!*
  Um Ansammlungen der spielstarken Spieler vor den Angriffszielen zu vermeiden und den Spielschwachen auch eine Möglichkeit zu geben, sich am Offensivspiel zu beteiligen, sollten mehrere Ziele in das Spiel integriert werden. So verteilt sich das Spielgeschehen auf das ganze Feld.

- *Prinzip 5: Die Angriffsziele nicht am Ende platzieren, sondern auf das Spielfeld verlegen!*
  Stehen Angriffsziele, z. B. ein flach hingelegtes Kastenteil, in der Mitte des Spielfeldes, so kann von zwei Seiten auf das Ziel geschossen werden. Das Angriffsspiel verdichtet sich nicht wie üblich vor dem Ziel. Es werden schnellere und häufigere Pässe notwendig und somit mehr Schüler in das Angriffsspiel einbezogen.

- *Prinzip 6: Angriffsziele niedrig, kleinflächig oder flexibel gestalten und ohne Torhüter spielen. Bei Rückschlagspielen das Hindernis, über das gespielt wird, hoch gestalten!*
  Sind die Angriffsziele nicht hoch und weit entfernt, werden harte Würfe/Schüsse vermieden und körperlich überlegene Spieler haben kaum einen Vorteil. Wird auf ein kleines Ziel gespielt, ist es sinnvoll, eine Zone um das Ziel einzurichten, die nicht betreten werden darf und gleichzeitig auf einen Torhüter zu verzichten. Für die Rückschlagspiele gilt ähnliches. Hier ist es hilfreich, das Netz oder die Schnur hoch zu hängen, damit harte Angriffsschläge vermieden werden.

- *Prinzip 7: Verbotszonen für Zielaktionen kennzeichnen!*
  Die Verbotszone verhindert eine unkontrollierte Ansammlung vor dem Angriffsziel und verlagert das Spiel um die Zone herum. Es wird ein intensiveres Passspiel notwendig, in das mehr Kinder einbezogen werden.

- *Prinzip 8: Indirekte Zielaktionen vorschreiben!*
  Spieler, die keine guten Zielwurf-/Zielschusstechniken besitzen, haben mehr Chancen auf Erfolg, wenn sie nicht direkt, sondern indirekt z. B. über die Wand oder den Boden das Angriffsziel treffen sollen.

- *Prinzip 9: Körperintensive Verteidigungsformen durch symbolische Verteidigungshandlungen ersetzen!*
  Damit in den Sportspielen nicht immer die Spieler dominieren, die körperlich überlegen sind, und die schwächeren Spieler in der Folge nicht chronisch Zweikämpfe vermeiden, sind in heterogenen Gruppen symbolische Verteidigungsformen sinnvoll. Alternative Formen können z. B. das Ziehen eines Tuchs aus dem Hosenbund zum Stoppen eines Gegenspielers (Beispiel: Flag-Football) oder das einfache Berühren (evtl. auch das Berühren an einem bestimmten Körperteil z. B. Knie) sein.

- *Prinzip 10: Möglichkeit der individuellen Bewegung mit dem Ball einschränken!*
  Um das kooperative Spiel zu verbessern und spielstarken Spielern ihren Vorteil durch die Beherrschung einzelner Techniken zu nehmen, kann die individuelle Fortbewegung mit dem Ball eingeschränkt werden, z. B. durch Schrittregeln oder das Verbot zu prellen oder zu dribbeln.

Die Spielveränderungsprinzipien von Kolb (2012) sind in der Sportpraxis zum Teil bereits bekannt und bewährt. Sie verdeutlichen, dass die

Heterogenität in den Sportspielen nicht immer als Hindernis wahrgenommen werden muss, sondern auch als eine Herausforderung und Chance für die Unterrichtsgestaltung angesehen werden kann.

Raum/Materialien

Im Normalfall steht nur eine *kleine Halle* oder ein Hallendrittel zur Verfügung. Deshalb werden bevorzugt Spiele und Übungen vorgeschlagen, bei denen z. B. auch die Hallenwände als Spielfläche einbezogen werden. Wenn zusätzlich „ohne Aus" gespielt wird, kann der ganze Raum genutzt werden und das Spielgeschehen wird weniger oft unterbrochen (keine Aus-Diskussionen, Einwürfe usw.). Eine weitere Option besteht darin, mit der Schulklasse ins Freie zu gehen. Dabei muss allerdings die Spiel-/Übungsauswahl entsprechend angepasst werden – z. B. eignen sich Prell-Spiele nicht für Rasenflächen.

Was die *Spiel-* und *Sportgeräte* betrifft, so wurde bei allen Stunden darauf geachtet, dass diese über den gesamten Zeitraum der Unterrichtseinheit Verwendung finden. Der Lehrer kann vor Beginn die benötigten Materialien zusammenstellen, sodass es während der Stunde kaum Unterbrechungen durch Auf- und Umbauarbeiten gibt. Alle Spiele und Übungen sind darüber hinaus mit *geringem Materialaufwand* durchführbar. Z. T. lassen sich auch leicht verfügbare Alltags-Gegenstände (z. B. Zeitungspapier, Becher, Papprollen, Kartons, Luftballons) einsetzen. Entscheidend ist aber, dass für jeden Schüler ein prellbarer Ball vorhanden sein sollte.

Zeitfaktor

In der Grundschule wird Sportunterricht oftmals in Form von Einzelstunden erteilt. Die Praxiseinheiten in diesem Buch sind zunächst als Doppelstunden geplant. Es sind aber jeweils Spiele und Übungen gekennzeichnet, die gestrichen werden können, sodass eine methodisch didaktisch aufbereitete Einzelstunde verbleibt. Grundsätzlich sind die Einheiten damit für 40 oder 80 Minuten Unterrichtszeit ausgelegt. Das Weglassen oder das Ersetzen von Spielen oder Übungen ist nach dem Konzept der Ballschule auf den Stufen 1 und 2 problemlos möglich. Hier gibt es keine festen Reihungen oder Abfolgelogiken. Für die sechs Stundenentwürfe zum Übergang in die fünfte Klasse (Stufe 3) gilt das allerdings nur bedingt. Bei ihnen geht es um das erste Durchlaufen von Vorformen geordneter methodischer Reihen.

2 Vorbereitung der Doppelstunden

Wenn viele Kinder mit Bällen spielen, sind folgende Punkte vor dem Unterrichtsbeginn zu berücksichtigen:

- Die Bälle sollten am Anfang der Stunde in einem Ballwagen oder einem umgedrehten Kastenteil bereitgestellt werden.
- Die Ballausgabe geschieht kontrolliert, mit bzw. nach Ansage des Lehrers.
- Der Beginn und das Ende von Spielen und Übungen erfolgen immer auf Lehrerimpuls. Es sollte eine Regel überlegt und eingeführt werden, die festlegt, was die Schüler mit den Bällen machen, wenn der Lehrer spricht und Neues erklärt. Z. B. können die Schüler sich in den Schneidersitz setzen und den Ball zwischen ihre Beine legen. Oder sie sitzen auf der Bank und der Ball wird darunter gelegt usw.

Häufig sorgt die *Einteilung der Mannschaften* für große Diskussionen zwischen Schülern und Lehrern. Die Ursachen hierfür liegen zum Teil in den praktizierten Vorgehensweisen bei den Gruppenbildungen. Die Lehrer sollten sich verstärkt an den beiden von Müller (1998) vorgeschlagenen Möglichkeiten für Mannschaftszusammenstellungen orientieren. Er bezeichnet diese als Zufallsverfahren und einteilende Verfahren.

Beispiele für *Zufallsverfahren*:

- Die klassische Methode des Abzählens durch den Lehrer. Gleiche Nummern bilden ein Team.
- Beim Daumenbiegen stehen alle Schüler in einem Kreis, machen eine Faust und strecken den Daumen nach oben. Ein Kind geht in den Kreis und dreht die Hälfte der Fäuste so um, dass die Daumen nach unten zeigen. Werden mehr Mannschaften benötigt, dann werden z. B. bei einem Viertel der Klasse die Daumen nach unten gebogen, beim zweiten Viertel zur Seite, beim dritten Viertel werden die Daumen angelegt und bei der letzten Gruppe bleiben sie stehen.

- Die Kinder ziehen Spielkarten. Eine Gruppe bilden jeweils:
  - die roten bzw. schwarzen Karten
  - alle Karos/Piks/Herzen/Kreuze
  - die Siebener/Achter/Neuner usw.
- Alle Kinder, die von Januar bis Juni sowie Juli bis Dezember Geburtstag haben, werden zu einer Mannschaft zusammengefasst. Oder: alle Kinder mit der gleichen T-Shirt-Farbe usw. bilden eine Gruppe. Hierbei entstehen häufig unterschiedlich große Teams. Der Lehrer kann durch weitere Differenzierungen der Kriterien die Gruppengrößen angleichen.

- Familie Meier (erst ab 2./3. Klasse): Der Spielleiter hat folgende Karten vorbereitet (je nach Gruppengröße):
  - Vater Meier, Vater Seier, Vater Leier, Vater Geier
  - Mutter Meier, Mutter Seier, Mutter Leier, Mutter Geier
  - Sohn Meier, Sohn Seier, Sohn Leier, Sohn Geier
  - Tochter Meier, Tochter Seier, Tochter Leier, Tochter Geier
  - Hund Meier, Hund Seier, Hund Leier, Hund Geier

  Jeder Schüler zieht einen Namen. Die Aufschrift der Zettel ist zunächst geheim. Ziel ist es, auf ein Kommando schnellstmöglich die anderen Familienmitglieder zu finden und diese in der folgenden Reihenfolge auf einer Bank zu sammeln: unten sitzt der Vater, darauf die Mutter, der Sohn, die Tochter und der Hund liegt zu deren Füßen. Welche Mannschaft das zuerst geschafft hat, gewinnt. Die Mannschaften bleiben für die folgenden Spiele in dieser Zusammenstellung. Wichtig: Die Familiennamen sollten sehr ähnlich klingen, damit es schwieriger ist, im Stimmengewirr seine Familie zu finden.

Beispiele für *einteilende Verfahren:*

- Teamchefs: Es werden der Anzahl der gewünschten Mannschaften entsprechend vom Lehrer Teamchefs bestimmt. Diese wählen Mannschaften mit dem Wissen, dass am Ende jeder Teamchef eine Mannschaft zugelost bekommt. So ist sich jeder Wählende darüber bewusst, dass die Mannschaften gerecht gebildet werden müssen.
- Bei einer Teambildung durch Befragung wird jeder Schüler (z. B. am Ende einer Stunde) gefragt, mit wem er in der/den nächsten Sportstunde/n zusammen in einer Mannschaft spielen möchte (maximal zwei Nennungen sind möglich). Bei der späteren Einteilung (am besten durch den Lehrer) wird darauf geachtet, dass jeder mit mindestens einem Wunschkandidaten in einem Team spielen darf.
- Die Schüler können auch in Form von Hausaufgaben aktiv an der Mannschaftsbildung beteiligt werden (Müller, 1998, S. 43). Zwei (oder drei) Kinder übernehmen freiwillig diese Aufgabe. Die Schüler geben sich nach Müller (1998) sehr viel Mühe bei der Suche nach einer gerechten Einteilung.

Sollten die Gruppen länger in der gleichen Konstellation zusammenspielen, bietet es sich an, dass sich jedes Team einen Namen gibt. Dann spielen z. B. die Springmäuse gegen die Gorillas oder die Eisbären. Damit wird der Team-Geist zusätzlich gefördert.

3 Inhaltlicher Aufbau der Doppelstunden

- Zu Beginn jeder Stunde findet ein Spiel statt, das der Einstimmung und dem Aufwärmen dient. Im Mittelteil wechseln sich Spiel- und Übungsphasen ab. Der Abschluss der Stunde wird zumeist wiederum spielerisch gestaltet.

- Die Inhalte jeder Doppelstunde zu den Stufen 1 und 2 bestehen zu 2/3 aus Baustein-Spielen zum Bereich A der Ballschule (Taktikschulung) und zu 1/3 aus Baustein-Übungen zu den Buchstaben B und C (Koordinations-/Technikschulung).

- Zunächst dominiert also das spielerische Lernen (A). Die Schüler sollen vielfältige Bewegungserfahrungen sammeln und ein allgemeines taktisches Spielverständnis entwickeln.

- Die Ballkoordinationsschulung (B) findet hauptsächlich in Übungsformen statt. Im Mittelpunkt steht die Lösung von ballbezogenen Bewegungsaufgaben unter Zeit-, Präzisions-, Komplexitäts-, Variabilitäts- und Organisationsdruck. Außerdem wird eine Förderung des Ballgefühls angestrebt.

- Die fertigkeitsorientierten Basiskompetenzen (C) werden ebenfalls im Rahmen von Baustein-Übungen geschult, die zeitlich im Mittelteil platziert werden. Zuweilen rundet diese Übungen auch das Aufwärmen ab. Als Organisationsform eignen sich Parcours, da das Üben dann einen übersichtlichen Rahmen bekommt und in Wettbewerbscharakter durchgeführt werden kann.

- Alle Spiele und Übungen lassen sich durch die Einführung von Variationen in ihrer Komplexität verändern.

4 Präsentation der Doppelstunden

Die Beschreibung der Unterrichtseinheiten in den Kapiteln III bis V folgt einem *einheitlichen* Schema. Auf der ersten Seite werden in der *oberen Kopfzeile* links die Anzahl und die Art der erforderlichen Materialien angegeben. Rechts davon findet sich eine Skizze des Basisspiel- und -übungsfeldes für die Doppelstunde und ganz am rechten Rand eine römische Ziffer zwischen I und III. Sie gibt in gemittelter Form das Komplexitätsniveau der Spiele und Übungen der Einheit an. Innerhalb der drei Kapitel sind die Einheiten nach diesem Kriterium – „vom Leichten zum Schweren" – geordnet.
Es wird empfohlen, sich an der vorgegebenen Stundenreihung zu orientieren.

Die *zweite Kopfzeile* von oben enthält eine Kennzeichnung der überfachlichen und prozessbezogenen Kompetenzen, die in der jeweiligen Doppelstunde besonders gut angesprochen bzw. verbessert werden können. Ab der *dritten Hauptzeile* folgen bis zum Ende der Unterrichtspräsentation die Charakterisierungen der Stundenabschnitte und Unterrichtsinhalte (linke Hauptspalte) sowie der zugehörigen organisatorischen und inhaltlichen Hinweise (rechte Hauptspalte):

Linke Hauptspalte

- Die Stundenabschnitte und Unterrichtsinhalte sind in drei Phasen gegliedert. Phase 1 beinhaltet die Spiele des Aufwärmteils. In der Phase 2 folgen die Spiele und Übungen zu den Bausteinen der Ballschule (Kapitel 4 und 5) bzw. die Spielreihen und Übungsreihen zur Hinführung zu den großen Sportspielen (Kapitel 6). Der dritte Abschnitt markiert den spielerischen Abschluss der Einheit.
- Über jeder einzelnen Spiel- und Übungsform werden die konkreten inhaltlichen Kompetenzen bzw. die Bausteine aus den Bereichen A, B und C benannt, deren Bewältigung geschult werden soll. Die Bedeutung der Bausteine wird durch die Intensität der Schattierungen verdeutlicht. Dunklere Schattierungen weisen darauf hin, dass der jeweilige Baustein einen besonders hohen Stellenwert besitzt. Hellere zeigen an, dass der betref-

fende Baustein ebenfalls mit angesprochen wird, aber nicht in erster Priorität.

- Darunter werden die Spiele und Übungen in Textform erläutert. Außerdem werden Variationsmöglichkeiten mit angeführt.

Rechte Hauptspalte

- In dieser Spalte finden sich Grafiken oder Fotos, die die Durchführung der Spiele und Übungen veranschaulichen. Außerdem werden organisatorische und inhaltliche Tipps gegeben.

Das nachfolgende Schema gibt einen Überblick über die Grundstruktur der Stundenentwürfe.

Doppelstunde

Material | **Basisfeld** | **Komplexität I, II oder III**

Kompetenzen

Überfachlich:
Prozessbezogen:

Stundenabschnitte und Unterrichtsinhalte	Organisatorische Hinweise
Phase 1	
Baustein 1 · Baustein 2 · Baustein 3 · Baustein 4	
Spiel	
Beschreibung:	
Variante 1:	**Hinweis**:
Variante 2:	
Phase 2	
Baustein 1 · Baustein 2 · Baustein 3 · Baustein 4	
Übung, Spiel	
Beschreibung:	
Variante 1:	**Hinweis**:
Variante 2:	

III

Zehn Doppelstunden für die Klassen 1 und 2

Doppelstunden 1–10: Ballspielen mit Spielanfängern

Die sportspielübergreifende Ballschule

Für die Einführung in das Ballspielen gilt – wie für den Sportunterricht allgemein –, dass die Kinder da „abgeholt" werden müssen, wo sie gerade stehen. Bewegungs- und Trainingswissenschaftler umschreiben diesen Sachverhalt mit dem so genannten *Prinzip der Entwicklungsgemäßheit*.

Die entscheidende Frage für die Sportspielvermittlung im Grundschulalter lautet demnach: Von welchem spielerisch-basistaktischen und motorischen Könnensstand kann man bei Schulanfängern ausgehen? Mit Blick auf das ABC der Ballschule ist vor allem von Bedeutung, dass Schüler in ihrer Kindergarten-Zeit im Normalfall die wichtigsten *phylogenetischen motorischen Fertigkeiten* erworben und zum Teil bereits optimiert haben. Damit sind jene elementaren Bewegungsformen gemeint, die sich die Menschheit evolutionär im Verlauf ihrer Stammesgeschichte angeeignet hat. Es sind quasi jene Fertigkeiten, die für die „Arterhaltung" und die Bewältigung der alltäglichen Lebensaufgaben erforderlich waren und sind. Zu ihnen gehören das Laufen (Rennen), Rollen, Hüpfen, Springen, Klettern, Schieben, Ziehen, Schießen, Werfen oder Schlagen.

An diesem Fertigkeitsrepertoire orientieren sich die Ballschul-Doppelstunden für die Klassen 1 und 2. Die Beherrschung der phylogenetischen Bewegungsformen bildet geradezu die Voraussetzung für eine zielgerichtete koordinative Förderung der Kinder. Das Training der Basiskompetenzen im Bereich B folgt nämlich der einfachen Grundformel:

Koordinationsschulung = einfache (phylogenetische) Fertigkeiten + koordinative Druckbedingungen

Laufen und Werfen z. B. werden in diesem Sinne unter Zeitdruck (Slalomlaufen, schnelles Abwerfen), Präzisionsdruck (Balancieren,

Zielwerfen), Komplexitätsdruck (Werfen aus dem Anlauf) usw. durchgeführt. Da eine gute Ausbildung der koordinativen Fähigkeiten eine wesentliche Grundlage für das Erlernen neuer Bewegungen darstellt, liegt ein großer Schwerpunkt der ersten 10 Doppelstunden auf ihrer Verbesserung.

Auch die Schulungen der Technikbausteine (C) – wie Spielpunkt des Balles bestimmen oder Ballabgabe Kontrollieren – gründen selbstverständlich und unaustauschbar auf dem Einsatz fundamentaler Fertigkeiten wie Schießen, Werfen und Schlagen. Die Vermittlung sowohl der koordinativen als auch der technischen Basiskompetenzen erfolgt häufig in Übungsform (es ist selbstverständlich, dass auch in den Spielen die koordinativen und technischen Basiskompetenzen mitgeschult werden). Meist handelt es sich um mehrere aufeinanderfolgende Stationen oder Übungen, die thematisch zueinander passen. Hier bleibt es dem Lehrer überlassen, weitere Variationen zu entwickeln und auszuprobieren. Wichtig ist nur, dass besonders in den 10 Doppelstunden für die Klassen 1 und 2 im Verlauf einer Stunde mehr gespielt als geübt wird.

Die Säule A der Ballschule zielt auf eine erste Entwicklung eines *taktischen Grundverständnisses* für die Mannschaftsspiele, oder anders ausgedrückt, auf die Ausbildung einer allgemeinen Spielfähigkeit. Diese soll die Kinder in die Lage versetzen, Spielsituationen adäquat „lesen“ und lösen zu können. Die Schulung der taktischen Basiskompetenzen erfolgt in der Ballschule über vielfältige Spielerfahrungen, die die Kinder im Sportunterricht machen. Zwei Überforderungen müssen vermieden werden. Erstens ist im motorischen Bereich wiederum hauptsächlich auf Elementarbewegungen zurückzugreifen. Nicht sicher beherrschte Fertigkeiten würden bei ihrer Ausführung (zu viel) Aufmerksamkeit erfordern und damit die Situationswahrnehmung und die Verbesserung der Lösungsfähigkeiten stören, wenn nicht sogar verhindern. Zweitens ist zu berücksichtigen, dass auch die taktischen Komplexitäten und Regelstrukturen – nach dem Motto der „One-Dimensions-Games“ – moderat bleiben sollten. Viele Kinder haben bis zum Schuleintritt kaum Erfahrungen mit dem Spielen in größeren Gruppen sammeln können. Die Lernpotenziale sind jetzt aber groß. Selbst wenn das ein oder andere Spiel beim ersten Mal nicht funktioniert, darf das nicht so gedeutet werden, dass die Kinder dieses Spiel noch nicht verstehen und bewältigen können. Die raschen Fortschritte in den Fähigkeiten zur Informationsaufnahme und -verarbeitung der Grundschüler lassen es auf jeden Fall lohnend erscheinen, die Spiele in einer späteren Stunde zu wiederholen.

Bei den nachfolgenden Doppelstunden ist immer im Blick zu behalten, dass der Leistungsstand von kalendarisch gleichaltrigen Grundschülern erheblich variiert (vgl. Kapitel II). Die Lehrer oder Übungsleiter sollten bei den Stundenauswahlen und eventuell notwendigen Differenzierungsmaßnahmen die in der ersten Hauptzeile der Stundenbilder angegebenen Schwierigkeitskennziffern beachten.

Doppelstunde 1

Material

24 Bälle, 3 Schaumstoffbälle, 8 Hütchen, 12 Markierungshemdchen, 3 Reifen, 4 kleine Kästen

Basisfeld **Komplexität I**

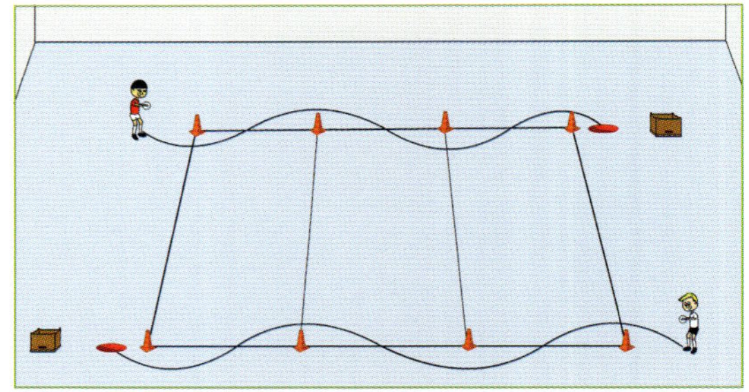

Kompetenzen

Überfachlich: Vereinbarte Regeln einhalten, kooperativ arbeiten, Eigeninitiative und Engagement, Zutrauen zum eigenen Handeln, kreative Ideen
Prozessbezogen: Kooperieren und Verständigen, Leistung und Wettkampf

Stundenabschnitte und Unterrichtsinhalte	Organisatorische Hinweise

Phase 1

Gegenspielerpositionen/-bewegungen erkennen | Zeitdruck

1. Der Löwe ist los

Beschreibung: Zwei Schüler spielen die Löwen und bewegen sich auf allen Vieren in der Savanne (auf der einen Hallenseite). Alle anderen Schüler sind Touristen. Sie wagen sich so nah wie möglich an die Löwen heran, um sie zu fotografieren oder sogar zu streicheln.
Wenn der Lehrer ruft „die Löwen sind los", müssen sich alle Touristen so schnell wie möglich in Sicherheit bringen. Sie rennen – ohne von den Löwen erwischt zu werden – bis zur anderen Hallenseite. Wurde ein Schüler von einem Löwen gefangen, gehört er beim nächsten Durchgang zur Gruppe der Löwen. Gespielt wird, bis nur noch drei Touristen übrig sind.

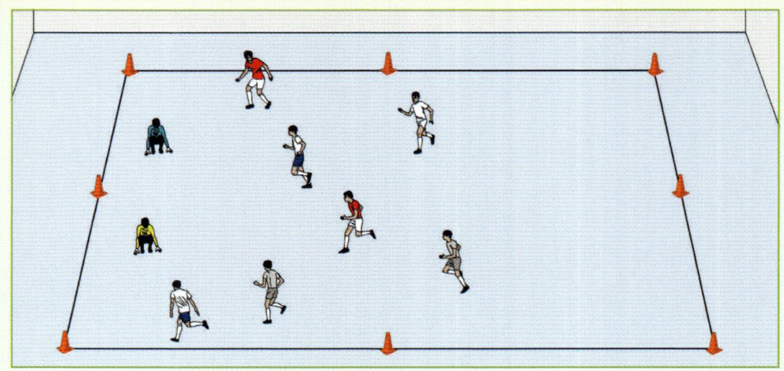

Hinweis: Die Löwen dürfen beim Fangen wieder auf zwei Beinen laufen.

Stundenabschnitte und Unterrichtsinhalte	Organisatorische Hinweise
Gegenspielerpositionen/ -bewegungen erkennen ***2. Jägerball – nur für die Doppelstunde*** **Beschreibung:** Jägerball wird ebenfalls im Basisfeld gespielt. Zwei bis drei Kinder (die Jäger) bekommen einen Schaumstoffball und versuchen, die anderen Kinder damit abzuwerfen. Wer abgeworfen wurde, stellt sich in den Vierfüßlerstand und kann durch ein anderes Kind, das unter ihm durchschlüpft, wieder erlöst werden. **Variante 1:** Es gibt ein Kind mit Reifen, das als Joker die anderen Kinder befreien kann, indem diese durch den Reifen krabbeln.	 **Hinweis:** Der Jäger darf als Erweiterung nur drei Schritte mit dem Ball gehen.
Lücke erkennen ***3. Abfangball*** **Beschreibung:** Das Basisfeld wird in drei gleich große Bereiche geteilt. In jedem Feld befinden sich acht Kinder. Die Kinder in den äußeren Feldern haben jeweils einen Ball. Sie müssen nun versuchen, die Bälle mit Schwung durch das mittlere Feld zu rollen. Die Kinder in der Mitte haben die Aufgabe, die Bälle abzufangen. Wenn das gelingt, legen sie den Ball in einen Kasten an der Seite des Spielfeldes. Ziel der Kinder in der Mitte ist es, alle Bälle schnellstmöglich abzufangen. Die Kinder in der Mitte werden nach jedem Durchgang ausgetauscht. **Variante 1:** Die Bälle können auch geschossen (unter Kniehöhe) oder halbhoch (nicht über Kopfhöhe) geworfen werden. **Variante 2:** Die Spielphase wird zeitlich begrenzt (z. B. 2 Minuten). **Variante 3:** Je zwei Kinder nehmen sich an der Hand und agieren in der Mitte als Team.	 **Hinweis:** Zur Kennzeichnung des mittleren Feldes sollten die Bodenmarkierungen genutzt werden.

Stundenabschnitte und Unterrichtsinhalte	Organisatorische Hinweise
Phase 2	

Organisationsdruck | Komplexitätsdruck

4. Koordinativ-technische Übungsphase

Beschreibung: Alle Kinder haben einen Ball und laufen mit diesem im Basisfeld durcheinander (zuerst tragen die Kinder ihren Ball, später können sie ihn rollen, prellen usw.). Auf Ansage des Lehrers sollen sie verschiedene Übungen durchführen:

- Einmal den Ball auf den Boden prellen, ihn wieder fangen und weiterlaufen.
- Den Ball in die Luft werfen, fangen und weiterlaufen.
- Den Ball auf den Boden legen, sich einen anderen Ball suchen und damit weiterlaufen.
- Den Ball um verschiedene Körperteile kreisen lassen.
- Den Ball hochwerfen und im Sitzen wieder fangen und umgekehrt.
- Den Ball im Schrittgang durch die Beine rollen usw.

Variante: Jeder Übung wird eine Zahl, ein Buchstabe oder eine Farbe zugeordnet. Der Lehrer sagt jetzt nur noch z. B. die Zahl und die Kinder müssen sich die dazugehörige Übung merken.

Hinweis: Die Übungsphase darf nicht zu lange dauern, da sonst die Konzentration nachlässt (ca. 5 min).

Stundenabschnitte und Unterrichtsinhalte				Organisatorische Hinweise
Ballbesitz kontrollieren	Ballabgabe kontrollieren			

5. Koordinativ-technische Übungsphase – nur für die Doppelstunde

Beschreibung: Die Schüler stellen sich pro Spielfeld in zwei Gruppen an das linke obere bzw. rechte untere Hütchen des Basisspielfeldes. Sie blicken zum anderen Ende des Spielfeldes, an dem sich jeweils ein umgedrehter Kasten befindet. Alle Kinder haben einen Ball, rollen oder prellen (prellen ist auch mit beiden Händen erlaubt) diesen durch die Hütchen, machen eine ganze Drehung nach dem letzten Hütchen und versuchen von dort aus, den Ball in den Kasten zu werfen.

Variante 1: Anstelle der Drehung sind andere Zusatzaufgaben möglich, z. B. einmal auf den Boden legen und wieder aufstehen oder auf einer Matte einen Purzelbaum machen.

Variante 2: Die Übung kann am Ende als Wettkampf durchgeführt werden: Welches Team ist am schnellsten durch den Slalomparcours gelaufen? Hier sollte der Ball jedoch im Kasten abgelegt werden.

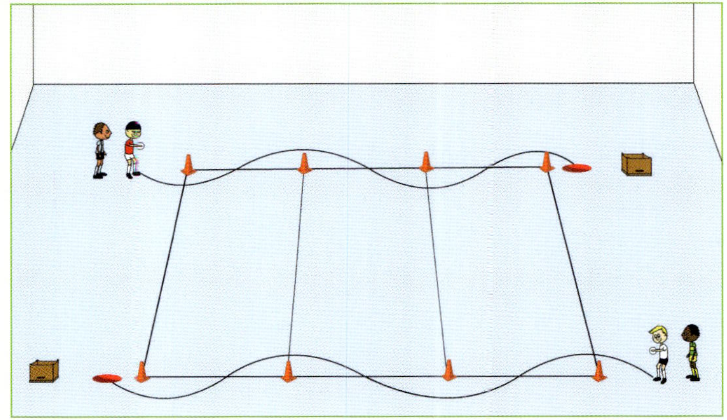

Phase 3

Abschlussmöglichkeit nutzen	Anbieten und Orientieren	Überzahl kooperativ herausspielen	

6. Kastenball

Beschreibung: Hierzu ist ein kleiner Umbau nötig. Das Basisfeld wird weiterhin genutzt, jedoch werden an den Längsseiten jeweils zwei umgedrehte kleine Kästen aufgestellt. Es werden zwei gleich große Mannschaften gebildet. Ziel des Spiels ist, den Ball in einem der gegnerischen Kästen abzulegen. Zunächst darf mit dem Ball in der Hand nicht gelaufen werden (später gilt die Drei-Schritt-Regel).

Variante 1: Es wird mit zwei (oder sogar drei) Bällen gespielt.

Variante 2: Jede Mannschaft darf in jeden Kasten werfen.

Doppelstunde 2

Material

24 Bälle, 12 Hütchen, 12 Markierungshemdchen, 4 Reifen, 4 (Weichboden-)Matten

Basisfeld

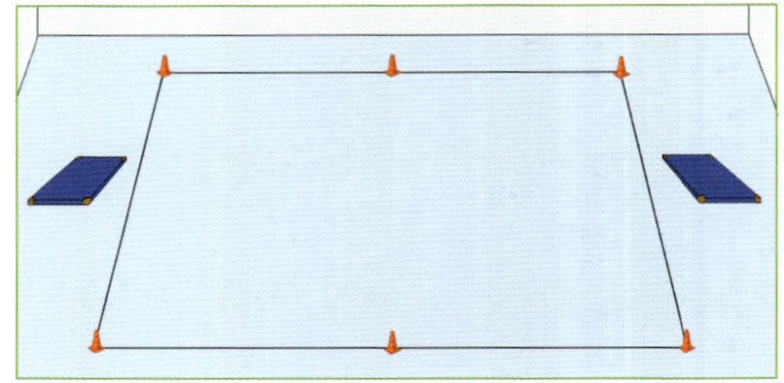

Komplexität I

Kompetenzen

Überfachlich: Kreative Ideen entwickeln, beharrlich und ausdauernd sein, Engagement zeigen, kooperativ Arbeiten, sich etwas Zutrauen
Prozessbezogen: Kooperieren und Verständigen, Leistung und Wettkampf, Ausdruck, Darstellen und Gestalten

Stundenabschnitte und Unterrichtsinhalte	Organisatorische Hinweise

Phase 1

Ballbesitz kontrollieren

1. *Fische fangen*

Beschreibung: Es werden vier Mannschaften gebildet. In der Halle werden viele Bälle verteilt. Jede Mannschaft hat ein Fischerboot (Matte). Auf ein Signal müssen die Fischer so schnell wie möglich alle „Fische" aus dem Meer fangen und in ihr Boot bringen. Dabei darf jeder Fischer pro Lauf nur einen Fisch transportieren. Das Spiel ist zu Ende, wenn alle „Fische" gefangen sind. Gewonnen hat das Team mit den meisten Fischen im Boot.

Variante 1: Die Bälle müssen auf dem Rückweg mit der Hand (den Händen) geprellt oder mit dem Fuß geführt werden.

Variante 2: Es bleibt ein „Kapitän" im „Boot". Ihm werden die Fische zugeworfen. Es zählen nur die „Fische" als gefangen, die am Ende im „Boot" liegen.

Hinweis: Wenn es einen Sieger geben soll, dann muss die Anzahl der Bälle so gewählt sein, dass die Teams nicht gleich viele Bälle sammeln können.

Stundenabschnitte und Unterrichtsinhalte	Organisatorische Hinweise
Komplexitätsdruck · Präzisionsdruck	

2. Koordinationskreisel

Beschreibung: Sechs Hütchen werden in einem Kreis aufgestellt. Jeweils ein Kind steht an einem der Hütchen. Im Kreis stehen weitere sechs Kinder mit Ball. Die Kinder in der Mitte prellen den Ball mit der Hand und bewegen sich kreuz und quer im Kreis. Sie laufen dabei jeweils ein Kind am Hütchen an und werfen ihm ihren Ball zu. Dieser passt den Ball wieder zurück. Es folgen weitere Aufgaben, z. B. soll der Ball mit einem Bodenpass zugespielt werden, der Ball wird mit dem Fuß zugepasst, durch die Beine gepasst, gerollt, usw. Die Aufgaben sollten nach ein paar Minuten getauscht werden.

Variante 1: Erhält ein Kind am Hütchen einen Ball, werden die Positionen getauscht.

Variante 2: Die Kinder am Hütchen haben jeweils auch einen Ball und es findet ein Ballwechsel statt, d. h. die Kinder passen sich gleichzeitig die Bälle zu (einer spielt über den Boden, der andere direkt).

Hinweis: Das Spielfeld sollte zweimal aufgebaut werden. Die Abbildung zeigt ein exemplarisches Feld.

Komplexitätsdruck

***3. Schattenlaufen** – nur für die Doppelstunde*

Beschreibung: Die Kinder gehen paarweise zusammen. Das hintere Kind folgt dem vorderen und imitiert seine Bewegungen. Der Schwerpunkt liegt auf Richtungswechseln, verschiedenen Laufformen (Hopserlauf, Knie anheben usw.) und turnerischen Elementen (z. B. Purzelbaum). Die Rollen werden nach ein paar Minuten gewechselt.

Variante 1: Jedes Kind hat einen Ball. Das hintere Kind folgt dem vorderen und imitiert seine Bewegungen (z. B. mit der rechten/linken Hand prellen, Ball hochwerfen, Ball um den Körper kreisen lassen, auf dem Boden rollen, usw.)

Variante 2: Es wird weiterhin Schattenprellen gespielt. Nach einem Signal werden jedoch der Hintermann zum Fänger und der Vordermann zum Gejagten. Der Gejagte kann sich retten, indem er auf eine Matte rennt.

Stundenabschnitte und Unterrichtsinhalte	Organisatorische Hinweise

Phase 2

Überzahl kooperativ herausspielen | Abschlussmöglichkeit nutzen

4. *Mattenball*

Beschreibung: Gespielt wird im Basisfeld mit einem Ball (evtl. auf zwei Feldern). Es werden zwei Teams gebildet und jedes Team erhält eine (Weichboden-)Matte als Tor. Das Ziel des Spiels besteht darin, den Ball durch Zuspiel mit der Hand in die Nähe der gegnerischen Matte zu befördern, um ihn dann mit einem gezielten Wurf auf die Matte zu werfen. Mit dem Ball in der Hand dürfen maximal drei Schritte gelaufen werden. Welches Team erzielt die meisten Treffer?

Variante 1: Auf der Matte steht ein Torwart.

Variante 2: Das Team in Ballbesitz darf auf beiden Matten Punkte erzielen.

Überzahl kooperativ herausspielen | Abschlussmöglichkeit nutzen

5. *Inselspiel*

Beschreibung: Für dieses Spiel ist ein kleiner Umbau nötig. Die Matten werden in die gegenüberliegenden Ecken gelegt (siehe Abbildung). Jede Mannschaft teilt sich noch einmal auf. Die eine Hälfte stellt sich ohne Ball auf ihre Insel (Matte), die andere Hälfte steht mit jeweils einem Ball am gegenüberliegenden Hütchen.

Erste Halbzeit: Die Werfer mit Ball versuchen, einen Fänger auf der Matte gezielt anzuspielen. Fängt dieser den Ball, verlässt er die Matte und wird auch zum Werfer. Haben alle Fänger ihre Insel verlassen, beginnt unmittelbar die zweite Halbzeit.

Zweite Halbzeit: Die vorherigen Werfer rennen ohne Ball auf die Matte und bekommen nun selbst Bälle zugeworfen, die sie wieder zurück rollen. Haben sie zehn Bälle gefangen, ist das Spiel zu Ende.

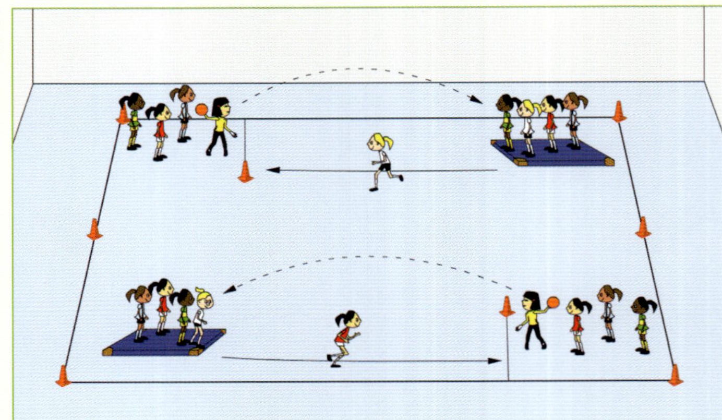

Hinweis: Die Wurfdistanz sollte anfangs eher gering sein.

Phase 3

Gegenspielerpositionen/
-bewegungen erkennen

***6. Schwänzchen Fangen** – nur für die Doppelstunde*

Beschreibung: Jedes Kind steckt sich ein Tuch, Markierungshemdchen oder Seil in den Hosenbund. Der Fänger hat kein Schwänzchen. Das Kind, von dem sich der Fänger ein Schwänzchen erobert hat, wird neuer Fänger. Es können auch zwei Fänger zeitgleich agieren.

Variante 1: Jedes Kind hat ein Schwänzchen. Jeder fängt jeden und versucht dabei so vielen Schwänzchen wie möglich zu „klauen“. Ein erobertes Schwänzchen muss wieder in den Hosenbund gesteckt werden. Gewonnen hat das Kind mit den meisten Schwänzchen.

Variante 2: Es können zwei Fänger bestimmt werden. Diese sammeln so viele Schwänzchen wie möglich. Gewonnen hat, wer am Ende noch in Besitz eines Schwänzchens ist.

oder

6. Matten-Rutschen

Beschreibung: Es spielen die gleichen Mannschaften wie beim „Inselspiel“. Jedes Team bekommt eine Weichbodenmatte zugewiesen. Von einer Markierungslinie aus starten immer drei Kinder gemeinsam und werfen sich auf die Matte, so dass diese nach vorne rutscht. Dann laufen sie so schnell wie möglich zu ihrem Team und klatschen die nächsten drei Kinder ab. Welches Team schafft es als erstes die Matte auf die andere Seite der Halle zu treiben?

Variante: Die Kinder prellen bis zur Matte einen Ball und werfen sich mit diesem auf die Matte. Die Bälle werden den anderen Kindern übergeben.

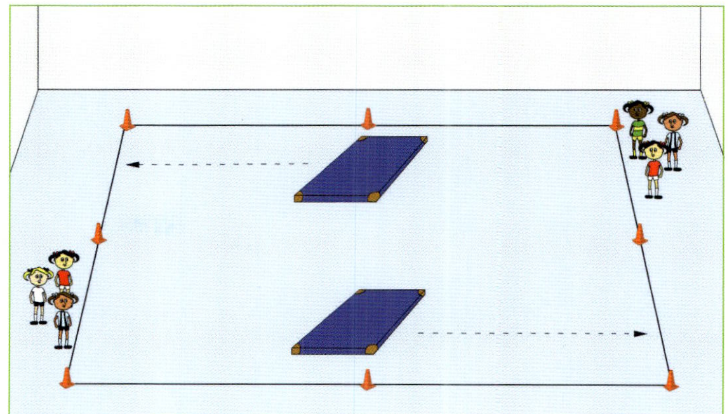

Doppelstunde 3

Material

10 kleine Bälle, 4 Schaumstoffbälle, 24 Bälle, 12 Hütchen, 18 Markierungshemdchen, 24 Hockeyschläger (bzw. Plastikflaschen oder Schuhe), 1 Bank

Basisfeld

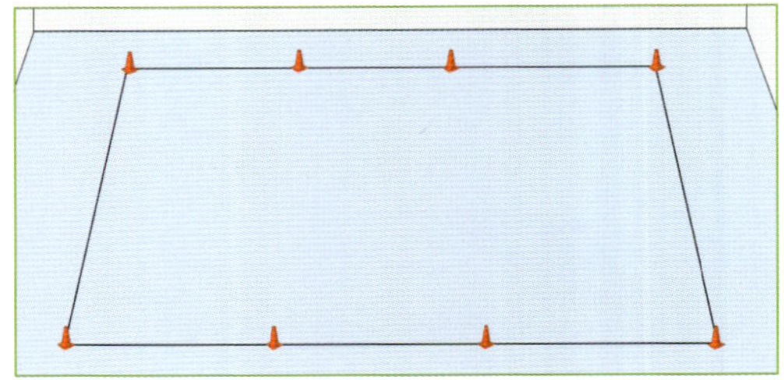

Komplexität I, II oder III

Kompetenzen

Überfachlich: Sich konzentriert mit einer Sache beschäftigen, kooperativ arbeiten, Verantwortung übernehmen, motiviert und zielstrebig arbeiten
Prozessbezogen: Bewegungserfahrungen, Kooperieren und Verständigen, Leistung und Wettkampf, Fitness

Stundenabschnitte und Unterrichtsinhalte	Organisatorische Hinweise

Phase 1

Abschlussmöglichkeit nutzen	Gegenspielerpositionen/-bewegungen erkennen

1. Befreien

Beschreibung: Es werden zwei Mannschaften gebildet. Es sind mindestens zwei Schaumstoffbälle im Spiel. Ziel ist es, Kinder aus der gegnerischen Mannschaft mit dem Ball abzuwerfen. Es zählen nur Treffer unterhalb des Knies. Wer getroffen wurde, merkt sich den Werfer, der den Treffer erzielt hat und setzt sich auf die Bank im Seitenaus. Wenn der Werfer dann selbst abgeworfen wird, dürfen alle Kinder auf der Bank, die von ihm abgeworfen wurden, wieder ins Spielgeschehen eingreifen. Welches Kind kann am längsten im Spielfeld bleiben?

Variante: Das Spiel kann auch mit dem Fuß oder dem Schläger gespielt werden.

Hinweis: Würfe oberhalb des Knies werden ebenfalls mit einem Platz auf der „Rückkehrerbank" sanktioniert.

Stundenabschnitte und Unterrichtsinhalte	Organisatorische Hinweise

Ballbesitz kontrollieren

2. Waffeleis-Transport

Beschreibung: Es werden vier Mannschaften gebildet. An jeder Ecke des quadratischen Spielfeldes steht eine Mannschaft. Das erste Kind jedes Teams hält ein umgedrehtes Hütchen mit einem Ball darin (das „Waffeleis“) in der Hand. Auf Startsignal müssen die ersten vier Kinder das „Eis“ eine Runde um das Spielfeld transportieren (im Uhrzeigersinn), dann darf das nächste Kind mit dem „Eis“ loslaufen. Welche Mannschaft beendet zuerst einen Durchgang bzw. wer schafft in fünf Minuten die meisten Runden?

Variante 1: Anstelle des Waffeleises kann auch ein Hockeyschläger und ein Ball genommen werden.

Variante 2: Zwei Kinder laufen zusammen und transportieren gemeinsam den Ball (Bauch an Bauch, Kopf an Kopf oder sie werfen sich einen Ball zu).

Hinweis: Jede Gruppe zählt selbstständig ihre Runden.

Phase 2

Ballbesitz kontrollieren

3. Schattenlaufen mit Hockeyschläger – nur für die Doppelstunde

Beschreibung: Jedes Kind hat einen Ball und einen Schläger. Zwei Kinder bilden ein Team. Das vordere Kind macht etwas mit dem Ball und dem Schläger vor, während das hintere es nachmacht, z. B. den Ball mit dem Schläger von rechts nach links treiben, den Ball vorlegen und ihm hinterherlaufen, usw. Die Rollen werden mindestens einmal getauscht.

Variante 1: Die Schüler dürfen nur auf den Linien des Hallenbodens laufen.

Variante 2: Trifft man auf ein anderes Paar, wird der Partner getauscht.

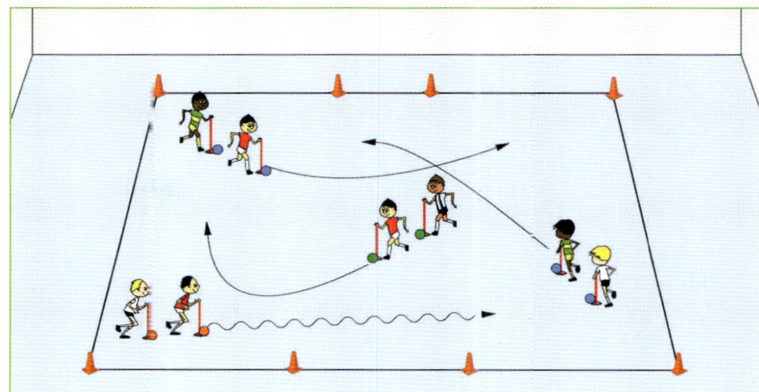

Stundenabschnitte und Unterrichtsinhalte	Organisatorische Hinweise

Ballbesitz kontrollieren

4. Hockeyslalom – nur für die Doppelstunde

Beschreibung: Die Kinder stellen sich in Sechsergruppen längs hinter ihrem Slalomparcours auf. Jedes Kind hat einen Hockeyschläger und jede Gruppe hat zwei Tennisbälle. Die Kinder sollen zunächst langsam nacheinander den Slalomparcours durchdribbeln und schnell wieder an den Hütchen vorbei zurücklaufen. Danach findet ein Wettbewerb mit einem Ball pro Gruppe statt. Welche Gruppe ist zuerst fertig?

Hinweis: Es wird in vier bis sechs Gruppen gespielt.

Ballbesitz individuell sichern | Lücke erkennen

5. Schmuggler und Zöllner

Beschreibung: Es werden vier Zöllner bestimmt. Die anderen Kinder sind die Schmuggler. Jeder Schmuggler bekommt einen Ball. Auf ein Signal prellen die Schmuggler von der Start- zur Ziellinie. Die Zöllner versuchen sie daran zu hindern, indem sie die Bälle wegtippen. Wer gefangen wurde, muss auf einem Bein zur Startlinie zurückhüpfen und von Neuem beginnen. Wie viele Bälle schaffen die Schmuggler in der vorgegebenen Zeit auf die andere Seite zu transportieren?

Variante: Jeder Schmuggler bekommt einen Hockeyschläger und treibt so seinen Ball auf die andere Seite.

Hinweis: Start- und Ziellinie müssen klar definiert sein und die Anzahl der Zöllner muss der Gruppenstärke angepasst werden.

Stundenabschnitte und Unterrichtsinhalte	Organisatorische Hinweise
Phase 3	
Überzahl kooperativ herausspielen / Ballbesitz kooperativ sichern	

6. Schlappenhockey

Beschreibung: Vier Mannschaften werden gebildet und jeder Mannschaft wird ein Tor zugewiesen. Gespielt wird auf die vier äußeren Hütchen-Tore des Basisfelds. Jede Mannschaft muss ihr Tor verteidigen bzw. kann auf die anderen drei Tore Treffer erzielen. Statt eines Schlägers benutzen die Kinder einen ihrer Schuhe. Alle Mannschaften spielen also zeitgleich und gegeneinander (es kann frühzeitig ein zweiter bzw. sogar dritter Ball ins Spiel gebracht werden).

Variante: Zwei Mannschaften schließen sich zusammen und spielen nun auf jeweils zwei Tore (zuerst mit einem, später mit einem zweiten Ball).

Doppelstunde 4

Material

24 Bälle, 3 Schaumstoffbälle, 3 Basketbälle (wahlweise Pezzibälle), 12 Hütchen, 24 Gymnastikreifen, 4 kleine Kästen, Tücher

Basisfeld

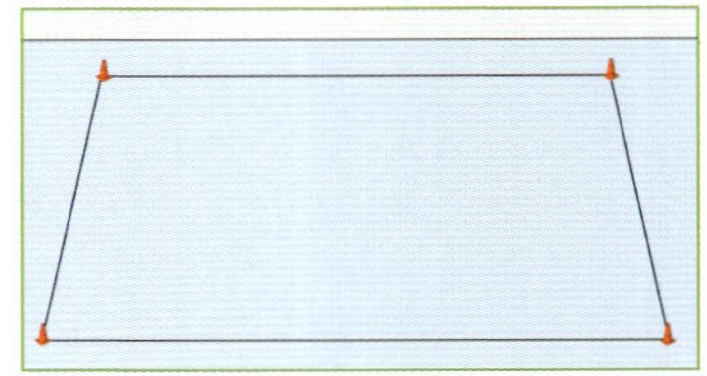

Komplexität I

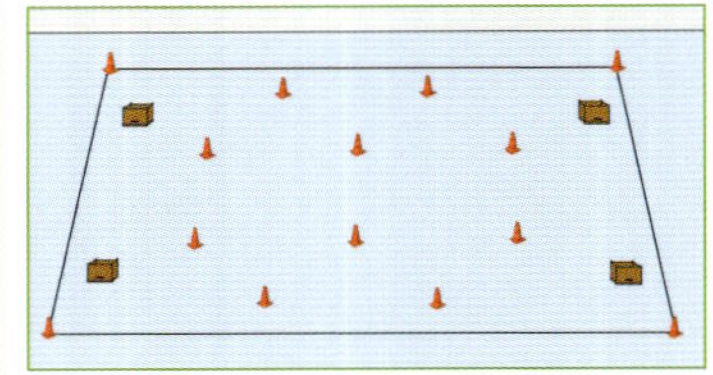

Kompetenzen

Überfachlich: Kooperativ arbeiten, kreative Ideen entwickeln
Prozessbezogen: Kooperieren und Verständigen, Leistung und Wettkampf, Ausdruck, Darstellen und Gestalten

Stundenabschnitte und Unterrichtsinhalte	Organisatorische Hinweise

Phase 1

Lücke erkennen | Zeitdruck

1. Zwei in einem Reifen

3

Beschreibung: Bei 24 Schülern werden elf Reifen (wahlweise sind auch Zeitungen oder Tücher möglich) im Basisfeld verteilt. Die Kinder laufen kreuz und quer durch das Spielfeld. Dabei dürfen sie nicht durch, sondern nur um die Reifen herum laufen (die Kinder dürfen nie zweimal um den gleichen Reifen laufen). Auf ein Signal des Lehrers müssen sie sich so schnell wie möglich in einen Reifen retten. Es dürfen jeweils nur zwei Schüler in einem Reifen stehen. Welche Schüler schaffen es bei z. B. fünf Spieldurchgängen immer in einen Reifen zu gelangen?

Variante 1: Die Kinder laufen nun nicht um die Reifen herum, sondern sollen sie überspringen (oder in die Reifen rein und wieder raus springen).

Variante 2: Jedes Kind bekommt einen Ball und prellt um die Reifen herum.

Variante 3: Kinder, die keinen Platz in einem Reifen ergattern können, setzen eine Runde aus und dürfen anstelle des Lehrers das Signal geben (oder führen während die anderen weiterspielen eine Zusatzaufgabe durch, z. B. einmal um das Spielfeld laufen).

Stundenabschnitte und Unterrichtsinhalte	Organisatorische Hinweise

Abschlussmöglichkeit nutzen

2. Schiffe versenken

Beschreibung: Jedes Kind hält einen Gymnastikreifen um den Rumpf (oder zwei Kinder halten zusammen einen Reifen in der Hand). Ein Kind hat einen Ball und muss versuchen, diesen in die Reifen der anderen Kinder zu versenken. Es können auch zwei oder drei Kinder mit Ball auf die Jagd gehen. Wie viele Treffer erzielen der/die Fänger?

Variante 1: Die Bälle müssen indirekt durch den Reifen geworfen werden (geht nur wenn zwei Kinder den Reifen halten).

Variante 2: Wessen Schiff versenkt wurde, holt sich einen Ball und wird automatisch zum Mitfänger.

Phase 2

Ballgefühl

3. Ballkünstler – nur für die Doppelstunde

Beschreibung: Die Kinder gehen in Dreiergruppen zusammen. Jede Gruppe hat fünf Minuten Zeit, um selbstständig ein kleines Kunststück mit Ball zu erfinden. Anschließend führt jede Gruppe ihr Kunststück vor und die anderen Gruppen bekommen kurz die Gelegenheit, es nachzumachen.

Variante: Es dürfen weitere Materialien benutzt werden (Tücher, Kästen, usw.).

Hinweis: Die Abbildung zeigt ein beispielhaftes Kunststück.

Stundenabschnitte und Unterrichtsinhalte		Organisatorische Hinweise
Anbieten und Orientieren	Ballbesitz kooperativ sichern	

4. *Wanderball*

Beschreibung: Die Kinder werden in zwei bis vier Mannschaften aufgeteilt und verteilen sich an den Hütchen.
An den Kästen steht jeweils ein Kind. In den beiden unteren Kästen liegen sechs bis zehn Bälle. Die Kinder sollen sich nun die Bälle nacheinander zupassen und so in den gegenüberliegenden Kasten transportieren (danach die Positionen wechseln). Auch die Zuspielarten können variiert werden (direkt, Bodenpass, rollen, mit Hockeyschlägern usw.).

Wettspiel: Welches Team hat den leeren Kasten am schnellsten gefüllt?

5

Phase 3

Ballbesitz kooperativ sichern	Abschlussmöglichkeit nutzen

5. *Eierlegen*

Beschreibung: Es werden sechs bis sieben Reifen im Spielfeld ausgelegt. Die ballbesitzende Mannschaft kann einen Punkt erzielen, indem sie einen Mitspieler in einem Reifen anspielt (die Kinder dürfen nicht länger als fünf Sekunden in einem Reifen stehen bleiben). Die gegnerische Mannschaft kann dies verhindern, indem sie entweder den Ball abfängt oder einen Fuß in den betreffenden Reifen stellt, bevor der Pass angekommen ist.

Wichtig: Es müssen immer mehr Reifen in einem Spielfeld liegen, als es Kinder in einer Mannschaft gibt. Außerdem sollte die Schritt- und Abstandsregel beachtet werden.

6

Hinweis: Bei mehr als 20 Schülern sollte jedes Team noch einmal geteilt werden. Eine Hälfte spielt, die andere steht an der Seite und feuert an. Nach 5 Minuten erfolgt der Spielerwechsel.

Stundenabschnitte und Unterrichtsinhalte	Organisatorische Hinweise
Abschlussmöglichkeit nutzen	

6. *Treibjagd* – *nur für die Doppelstunde*

Beschreibung: Die Kinder bilden zwei Mannschaften und verteilen sich um das Spielfeld, wobei jede Mannschaft eine Spielfeldhälfte zugeteilt bekommt. Jedes Kind hat einen Ball und in die Mitte des Spielfeldes werden drei bis vier Basketbälle gelegt. Ziel ist es, die Basketbälle in die Hälfte der anderen Mannschaft zu treiben.

Variante: Alle Kinder stehen im Spielfeld und versuchen, die Bälle aus dem Feld zu treiben. Hat ein Kind den Ball aus dem Feld getrieben, bekommt sein Team einen Punkt.

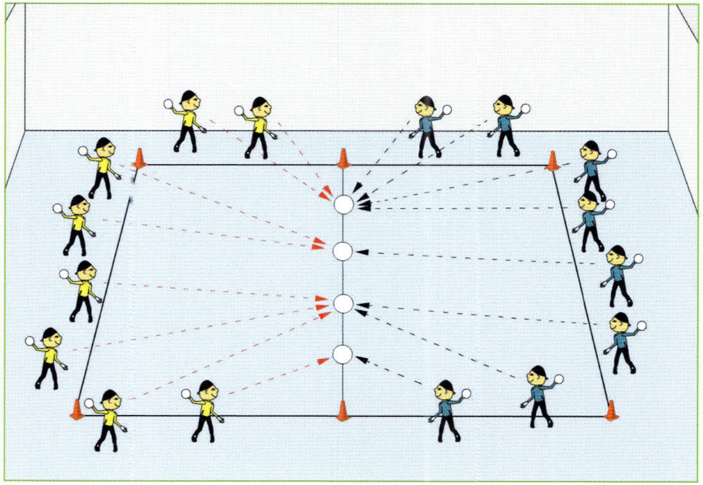

Doppelstunde 5

Material

24 Bälle, 2 Softbälle, 16 Hütchen, 12 Markierungshemdchen, 12 Kegel, 4 Medizinbälle, 4 Bänke

Basisfeld

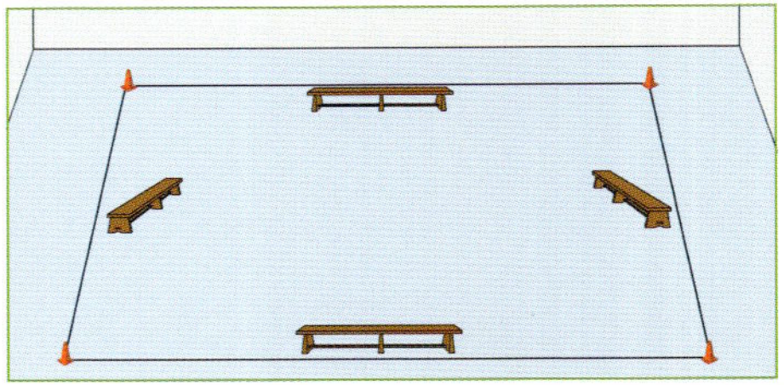

Komplexität II

Kompetenzen

Überfachlich: Kooperativ arbeiten, konzentriertes Beschäftigen, Zutrauen, Rücksicht nehmen, angemessener Umgang mit Misserfolgen
Prozessbezogen: Leistung und Wettkampf, Körper- und Bewegungserfahrungen

Stundenabschnitte und Unterrichtsinhalte	Organisatorische Hinweise

Phase 1

Lücke erkennen

1. *Hühnerjagd*

Beschreibung: In der Mitte der vier Bänke steht ein Fuchs. Die Hühner stehen auf den vier Bänken verteilt. Auf ein Signal des Lehrers müssen die Hühner von ihrer Bank auf eine andere Bank wechseln. Der Fuchs versucht sie dabei zu fangen. Hat er ein Huhn berührt, so wird dieses automatisch zum Fuchs (oder das gefangene Huhn wird ebenfalls zum Fuchs und hilft bei der Hühnerjagd).

Variante 1: Die Hühner dürfen nur auf die gegenüberliegende Bank wechseln.

Variante 2: Der Fuchs fängt die Hühner, indem er sie mit einem Softball abwirft.

Hinweis 1: Damit das Spielfeld groß genug ist, müssen die Bänke relativ weit auseinander stehen.
Hinweis 2: Es kann auf Bänke verzichtet werden, wenn das Feld durch Hütchen abgesteckt wird und bestehende Bodenmarkierungen (z. B. Volleyballfeld) genutzt werden.

Stundenabschnitte und Unterrichtsinhalte		Organisatorische Hinweise
Flugbahn des Balles erkennen	Ballabgabe kontrollieren	

2. Ballübergabe

Beschreibung: Auf jeder Bankhälfte stehen drei Kinder, die eine Gruppe bilden. Jedes Kind muss sich die beiden anderen Kinder seiner Gruppe merken. Weiß jedes Kind zu welcher Gruppe es gehört, bekommt jede Gruppe einen Ball. Die Kinder laufen nun im abgesteckten Feld umher und spielen sich die Bälle innerhalb ihrer Gruppe zu. Die Zuspielarten können auf Zuruf variieren z. B. rollen, mit dem Fuß, mit links, mit rechts, kniehoch.
Variante 1: Wer schafft zuerst zwanzig Ballberührungen/Pässe innerhalb der Gruppe. Wichtig: Nach der Ballabgabe muss jedes Kind auf die Bank steigen und wieder zurück ins Spielfeld kommen.
Variante 2: Es werden zwei Gruppen mit je zwölf Kindern gebildet. Jede Gruppe bekommt zwei verschiedene Bälle (z. B. Handball/Fußball, gelb/blau usw.), die unterschiedlich gepasst werden (z. B. direkter Pass/Bodenpass, Fuß/Hand usw.).

Hinweis: Wenn genügend Bänke zur Verfügung stehen, kann das Spiel auf zwei Felder verteilt werden (die Abbildung zeigt ein exemplarisches Feld). Eventuell kann das bestehende Feld vergrößert werden.

Phase 2

Organisationsdruck

3. Koordinativ-technische Übungsphase

7

Beschreibung: Alle Kinder suchen sich einen Platz auf einer Bank und bekommen einen Ball. Sie laufen mit ihrem Ball im Kreis über die Bänke und machen dabei einfache Koordinationsübungen:

- Den Ball neben der Bank prellen und auf der Bank laufen
- Neben der Bank laufen und den Ball auf der Bank rollen oder prellen
- Den Ball während des Laufens um den Bauch, um die Knie, um den Kopf kreisen lassen
- Den Ball hochwerfen und wieder fangen

Jetzt laufen die Kinder innerhalb des Feldes mit dem Ball am Fuß. Auf Zuruf müssen sie verschiedene Aufgaben erfüllen, z. B. sich auf den Ball setzen, den Ball mit der Hand oder dem Fuß anhalten, den Ball anhalten und sich einen anderen Ball suchen, den Ball der anderen Schüler wegschießen und gleichzeitig den eigenen Ball verteidigen.

Variante: Die Bänke werden auf die Seite gekippt und es können nun auch Schüsse an die Bande mit anschließendem Ballstoppen erfolgen.

Wettkampf: Wer schafft es fünfmal hintereinander, den Ball direkt an die Bande zu spielen?

Stundenabschnitte und Unterrichtsinhalte	Organisatorische Hinweise
Abschlussmöglichkeit nutzen	

4. *Volltreffer – nur für die Doppelstunde*

Beschreibung: Die Turnbänke werden quer in der Halle in einer Linie aufgestellt und es werden verschiedene Gegenstände (Hütchen, Medizinbälle, Kegel usw.) auf die Bänke (evtl. auch unter die Bänke) gestellt. Es werden zwei Mannschaften gebildet. Jedes Team stellt sich auf einer Seite der Bänke auf. Die Aufgabe besteht darin, innerhalb einer bestimmten Zeit möglichst viele Gegenstände von der Bank zu werfen. Gewonnen hat das Team, das mehr Gegenstände in die gegnerische Hälfte geschossen hat.

Variante: Jede Mannschaft hat eine feste Bank (die Teams stehen versetzt). Auf beiden Bänken steht die gleiche Anzahl an Gegenständen. Welche Mannschaft hat zuerst alle Gegenstände von der eigenen Bank geworfen?

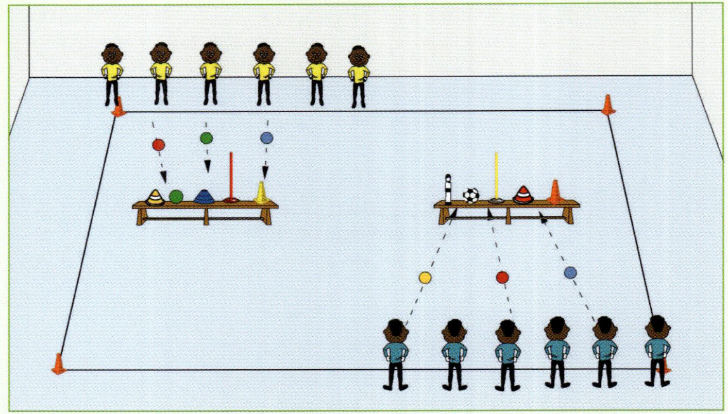

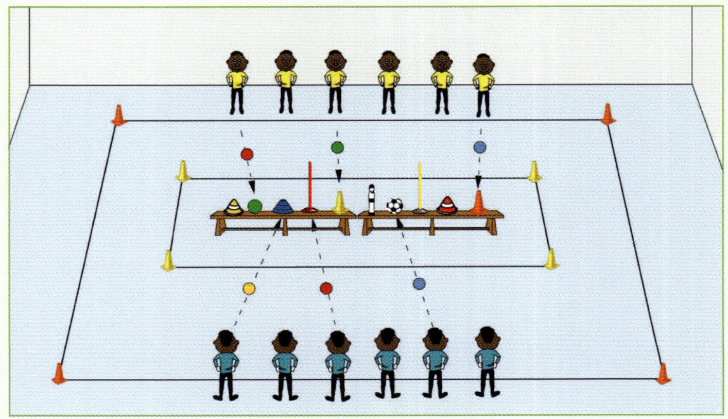

Hinweis: Kein Schüler darf während des Spiels die vorher festgelegte Tabuzone betreten.

Stundenabschnitte und Unterrichtsinhalte		Organisatorische Hinweise
Lücke erkennen	Abschlussmöglichkeit nutzen	

5. Aufsetzerball – *nur für die Doppelstunde*

Beschreibung: Es werden vier bis sechs Mannschaften mit je vier bis sechs Kindern gebildet. Pro Spielfeld spielen zwei Teams gegeneinander. Ziel ist es, mit einem Aufsetzer in der eigenen Hälfte den Ball in die Hälfte des Gegners zu spielen. Springt er dort auf den Boden, ist ein Punkt erzielt. Geht er ins Aus oder fängt ihn ein Gegenspieler in der Luft, ist die gegnerische Mannschaft am Zug.
Variante 1: Es wird ein zweiter Ball ins Spiel gebracht.
Variante 2: Es muss zweimal innerhalb der Mannschaft gepasst werden, bevor der Ball zurück geworfen wird.
Variante 3: Es erfolgen drei Pässe innerhalb einer Mannschaft, bevor der Ball auf die andere Seite gespielt wird. Während der Ball beim Gegner ist, muss das Team eine Zusatzaufgabe erfüllen, z. B. die Grundlinie berühren oder einmal auf den Boden legen und wieder aufstehen.

Hinweis: Die Abbildung zeigt den Aufbau für vier Mannschaften auf zwei Feldern.

Phase 3

Lücke erkennen

6. Tigerball

Beschreibung: Die Mannschaften bleiben bestehen. Jede Mannschaft entsendet zwei Mitspieler (Tiger) in das gegenüberliegende Spielfeld. Die verbleibenden Kinder stellen sich um ein vorgegebenes Spielfeld (Kreis oder Viereck). Auf ein Signal passen sich die Außenspieler den Ball untereinander kreuz und quer zu (nicht über Kopfhöhe). Die Tiger versuchen, den Ball zu berühren bzw. abzufangen. In regelmäßigen Abständen werden die Tiger gewechselt, sodass jedes Kind einmal Tiger im anderen Feld war.
Variante 1: Welches Team schafft die meisten Abfangpunkte?
Variante 2: Die Zuspielarten werden verändert (z. B. Bodenpässe oder Pässe mit dem Fuß).
Variante 3: Die äußeren Kinder müssen sitzen.

Doppelstunde 6

Material

24 Bälle, 2 Schaumstoffbälle, 12 Reifen, 12 Hütchen, 12 Markierungshemdchen, 2 Bänke

Basisfeld

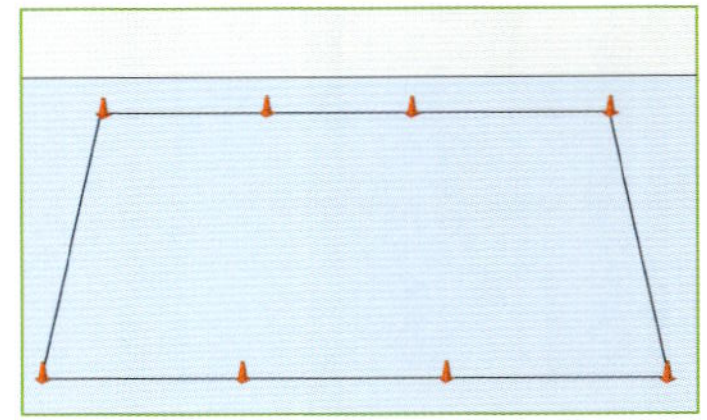

Komplexität II

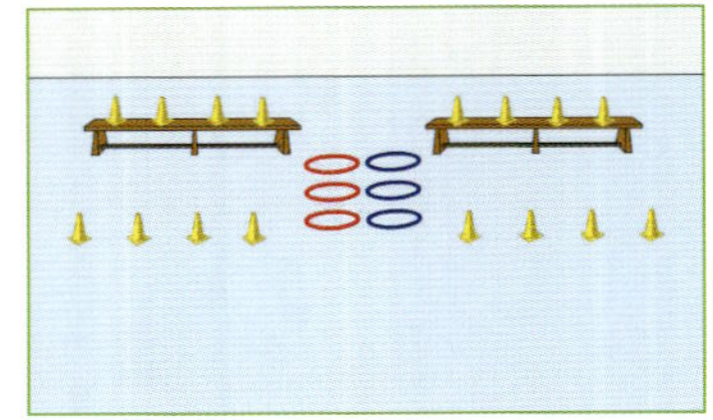

Kompetenzen

Überfachlich: Kooperativ arbeiten, Regeln einhalten
Prozessbezogen: Wettkampf und Leistung, Kooperieren und Verständige

Stundenabschnitte und Unterrichtsinhalte	Organisatorische Hinweise

Phase 1

Ballabgabe kontrollieren

1. Zombieball

Beschreibung: Gespielt wird mit einem Schaumstoffball innerhalb des Spielfeldes. Es gibt keinen festen Jäger. Das Kind in Ballbesitz darf die anderen Kinder abwerfen. Mit dem Ball dürfen maximal drei Schritte gelaufen werden. Wer abgeworfen ist, muss eine Runde um das Spielfeld laufen und darf dann wieder ins Feld.

Variante 1: Es wird mit zwei Bällen gespielt.

Variante 2: Wer getroffen wird, scheidet aus oder muss eine Zusatzaufgabe absolvieren.

Hinweis: Es zählen nur Treffer von der Hüfte abwärts.

Stundenabschnitte und Unterrichtsinhalte			Organisatorische Hinweise
Laufweg zum Ball bestimmen	Zeitdruck	Flugbahn des Balles erkennen	

2. *Koordinativ-technische Übungsphase*

Beschreibung: Die Kinder stehen zu zweit hintereinander und haben einen Ball. Das hintere Kind spielt den Ball durch die gegrätschten Beine des vorderen. Das vordere Kind muss schnellstmöglich (evtl. vor einer bestimmten Markierung) den Ball auf unterschiedliche Arten stoppen (Fuß, Hand, Knie usw.).

Variante: Der Ball wird nun über das vordere Kind geworfen. Dieses soll den Ball, nachdem er einmal den Boden berührt hat, auf unterschiedliche Weise fangen (beidhändig, einhändig, nach 360°-Drehung, vorher dreimal klatschen, vorher mit den Händen den Boden berühren).

Hinweis: Die Kinder stellen sich zu dieser Übung über die ganze Hallenbreite auf und spielen, um Verletzungen zu vermeiden, alle in die gleiche Richtung.

Phase 2

Ballbesitz kontrollieren	Variabilitätsdruck

3. *Koordinativ-technische Übungsphase/Parcours – nur für die Doppelstunde*

Beschreibung: Die Kinder starten am Anfang der Bank. Jedes Kind hat einen Ball. Aufgabe ist es, von jedem Hütchen auf der Bank einen Wurf an die Wand auszuführen und diesen wieder zu fangen. Mit jedem ausgeführtem Wurf dürfen die Kinder ein Hütchen weiter laufen. Auf der Bank werden insgesamt vier Würfe ausgeführt. Danach stehen die Kinder im Reifen und müssen das gleiche Wandspiel machen. Diesmal rücken sie pro Wurf einen Reifen weiter nach hinten. Insgesamt werden drei Würfe ausgeführt. Auf dem Rückweg zur Startposition sollen die Schüler durch die Hütchen Slalom prellen.

Variante 1: An jedem Hütchen auf der Bank wird der Ball einmal in die Luft geworfen und wieder gefangen.

Variante 2: Nachdem die Bank verlassen wurde, erfolgt ein Torwurf.

Hinweis: Bei 24 Schülern sollten vier Bänke/Parcours aufgebaut werden.

Stundenabschnitte und Unterrichtsinhalte	Organisatorische Hinweise

Ballabgabe kontrollieren

4. Zielwurf

Beschreibung: Die Schüler gehen paarweise zusammen. Ein Kind stellt sich vor die Hallenwand und fixiert den Reifen in einer vorgegebenen Position. Das andere Kind versucht, den Ball aus vier bis fünf Metern Entfernung durch den Reifen zu werfen. Nach einigen Versuchen werden die Aufgaben gewechselt.

Variante 1: Ein Kind dreht den Reifen an (wie einen Kreisel) und das andere versucht, den Ball durch den drehenden Reifen zu werfen.

Variante 2: Ein Kind rollt den Reifen und das andere versucht, den Ball durch den rollenden Reifen zu werfen.

Hinweis: Der Reifen sollte zunächst seitlich vom Körper gehalten werden (weiche Bälle benutzen).

Überzahl kooperativ herausspielen — Ballbesitz kooperativ sichern

5. Reifenball

Beschreibung: Es werden zwei Mannschaften gebildet. Jedem Team wird eine Zone (Querseite) zugeordnet. Im Abstand von 2 bis 3 Metern befinden sich vier gegnerische Kinder, die jeweils zu zweit einen Reifen hochhalten. Innerhalb eines Teams soll der Ball in Richtung gegnerische Grundlinie gepasst werden. Aus einer guten Spielposition heraus soll das Kind in Ballbesitz versuchen, den Ball durch den Reifen zu werfen. Die Zone darf nicht betreten werden und die Kinder, die den Reifen halten, dürfen in der Zone nicht laufen.

Variante 1: Der Reifen wird nur von einem Kind gehalten, das sich frei in der Endzone bewegen darf.

Variante 2: Die Reifen sind neutrale Ziele und jedes Team kann an jedem Reifen Punkte erzielen.

Variante 3: Nun stehen die eigenen Kinder als Reifenträger hinter der Abwehr und die Gegner müssen versuchen, den Ball durch den Reifen zu werfen. Mit dem Reifen sind nur seitliche Ausweichbewegungen erlaubt.

Ballbesitz individuell sichern	Lücke erkennen

6. *Feuerball – nur für Doppelstunde*

9

Beschreibung: Es werden zwei Mannschaften gebildet, die sich an den Grundlinien gegenüberstehen (Basisspielfeld). In Team A hat jedes Kind einen Ball am Fuß, in Team B hält jedes Kind einen Ball in der Hand. Auf ein Signal dribbeln alle Schüler von Team A mit dem Ball am Fuß los. Sobald die Kinder die vorher festgelegte Mittelzone erreichen, dürfen die Kinder von Team B ihre Bälle in Richtung der dribbelnden Kinder rollen. Ziel der Kinder aus Team A ist es, die Endzone zu erreichen, ohne die Ballkontrolle zu verlieren bzw. von einem entgegenkommenden Ball getroffen zu werden. Nach einer bestimmten Anzahl von Durchläufen werden die Rollen gewechselt.

Variante 1: Jedes Kind, das es in die Endzone schafft, bekommt einen Punkt.

Variante 2: Team B teilt sich auf die Längs- und Querseiten auf.

Variante 3: Die Kinder aus Team B werfen den Ball als Aufsetzer.

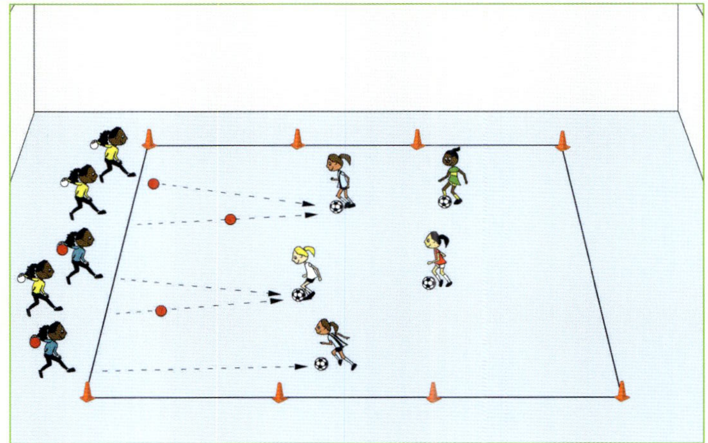

Doppelstunde 7

Material

24 Bälle, 24 Hütchen, 18 Markierungshemdchen, 6 Reifen, 2 kleine Kästen

Basisfeld **Komplexität II**

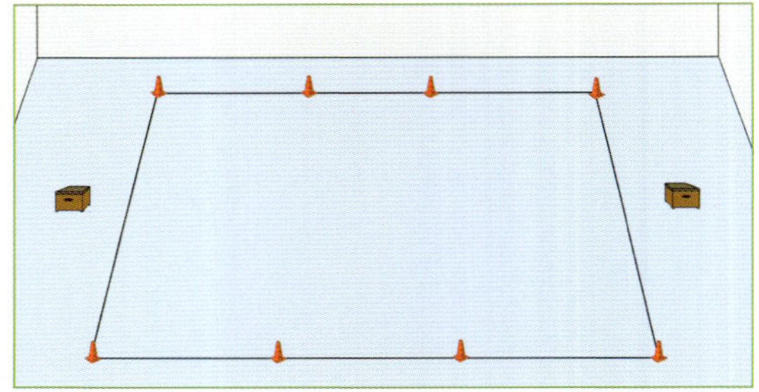

Kompetenzen

Überfachlich: Verantwortung übernehmen, kooperativ arbeiten
Prozessbezogen: Kooperieren und Verständigen, Leistung und Wettkampf, Körper und Bewegungserfahrungen

Stundenabschnitte und Unterrichtsinhalte	Organisatorische Hinweise

Phase 1

Mitspielerpositionen/-bewegungen erkennen | Präzisionsdruck

1. Eisenbahn-Lauf

Beschreibung: Jedes Kind stellt einen Zug dar. Die Linien des Hallenbodens sind die Schienen. Die Züge dürfen nur auf den Schienen fahren und müssen entgegenkommenden Zügen ausweichen (rechtzeitig auf eine andere Linie abbiegen). Holen sie ein anderes Kind auf einer Linie ein, müssen sie sich diesem Zug als Waggon anschließen.

Variante: Während des Laufens wird ein Ball geprellt oder am Fuß geführt. Trifft ein Zug einen anderen, so werden die Bälle getauscht.

Stundenabschnitte und Unterrichtsinhalte		Organisatorische Hinweise
Ballbesitz kooperativ sichern	Anbieten und Orientieren	

2. *Schnappball*

Beschreibung: Zwei Teams spielen gegeneinander. Ziel jeder Mannschaft ist es, in Ballbesitz zu kommen und es möglich lange zu bleiben. Das Kind mit Ball darf nicht direkt attackiert werden (Sicherheitsabstand ein Meter), darf nur zwei Schritte laufen und höchstens 5 Sekunden den Ball in den Händen halten. Wie viele Pässe schaffen die Mannschaften, ohne den Ball zu verlieren?

Variante: Für fünf Pässe gibt es einen Punkt. Bei 10 oder 20 Pässen gibt es einen zusätzlichen „Big Point", der dreifach zählt.

Hinweis: Bei mehr als 20 Schülern sollte auf zwei Spielfeldern gespielt werden. Die Abbildung zeigt ein exemplarisches Feld.

Phase 2

Zeitdruck	Präzisionsdruck

3. *Koordinativ-technische Übungsphase*

Beschreibung: Es werden vier gleich große Mannschaften gebildet. Jedes Team stellt sich an einer Ecke des Spielfeldes auf und hat einen Ball. Auf ein Startsignal des Lehrers prellt das erste Kind mit dem Ball zum ersten Hütchen und wirft ihn zurück zum zweiten Kind. Das wiederum startet zum zweiten Hütchen, wirft den Ball zum Kind am ersten Hütchen, das wirft den Ball zum nächsten Kind an der Startposition usw. Gewonnen hat das Team, bei dem als erstes alle Kinder auf ihre Position gelaufen sind und somit alle Hütchen besetzt sind.
Wichtig: Die Anzahl der Hütchen stimmt mit der Anzahl der Kinder in einer Mannschaft überein. Die beiden Teams auf der linken Seite laufen außerhalb des Spielfeldes an den Hütchen entlang, die Teams auf der rechten Seite innerhalb des Spielfeldes.

Variante 1: Der Ball wird auf dem Hinweg durch die Beine der schon gelaufenen Kinder gerollt. Auf dem Rückweg wird er wieder gepasst.

Variante 2: Es laufen immer zwei Kinder und passen sich den Ball mit dem Fuß zu.

Stundenabschnitte und Unterrichtsinhalte	Organisatorische Hinweise

Zeitdruck

4. *Faule Eier – nur für die Doppelstunde*

Beschreibung: Die Kinder teilen sich in zwei Mannschaften. Jede Mannschaft verteilt sich auf einer Grundlinie. Auf jeder Grundlinie steht ein umgedrehter kleiner Kasten. In den beiden kleinen Kästen liegen jeweils sechs Bälle (die „faulen Eier“). Auf ein Startsignal hin müssen die Kinder ihre eigenen faulen Eier in den Kasten der gegnerischen Mannschaft legen. Beim Stoppsignal müssen die Kinder sofort stehen bleiben. Welche Mannschaft hat weniger faule Eier in ihrem Kasten?

Variante 1: „Faule Eier“ kann auch mit vier Mannschaften gespielt werden. An jeder Linie (Seitenaus- und Torauslinie) befindet sich ein Kasten und eine Mannschaft. Jetzt darf jeweils nur ein Kind von einer Mannschaft laufen und ein faules Ei zum Gegner bringen. Das nächste Kind darf erst dann starten, wenn es vom ersten Kind per Handschlag abgeklatscht wurde.

Variante 2: Die faulen Eier werden auf die andere Seite geprellt.

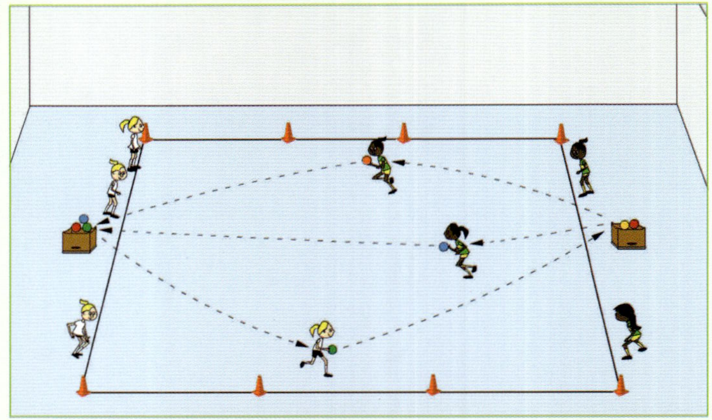

Ballabgabe kontrollieren | Mitspielerpositionen/-bewegungen erkennen

5. *Stationstraining – nur für die Doppelstunde*

Beschreibung: Die Schüler werden in zwei Gruppen aufgeteilt.

Gruppe 1: Alle Schüler bekommen einen Hockeyschläger. Die Gruppe wird nochmals geteilt. Die Kinder der einen Hälfte stellen sich jeweils an ein Hütchen ihrer Hütchenreihe. Die andere Hütchenreihe verläuft parallel dazu. Dort versammeln sich die Kinder der anderen Hälfte, die zusätzlich noch einen Tennisball haben, am ersten Hütchen. Von dort starten sie, passen den Ball vor dem Hütchen zum Gegenüber, laufen weiter und bekommen von ihm den Ball nach dem Hütchen wieder zurück. Am Ende des Parcours dribbeln sie zurück zum Starthütchen. Nach drei Durchgängen werden die Rollen getauscht. Wichtig: die Ballannahme sollte immer zwischen zwei Hütchen erfolgen.

Gruppe 2: Auf eine Turnbank werden Hütchen (wahlweise leere Joghurtbecher o. ä. Gegenstände) gestellt. Hinter der Bank werden verschiedene Zonen gekennzeichnet. Die Schüler stehen in zehn bis zwölf Metern Entfernung vor der Bank und werfen die Gegenstände so von der Bank, dass sie in der vorher festgelegten Zone landen.

Stundenabschnitte und Unterrichtsinhalte	Organisatorische Hinweise
Phase 3	
Anbieten und Orientieren	

6. *Königsball*

Beschreibung: Die Kinder werden in zwei Mannschaften aufgeteilt. Jede Mannschaft darf einen König auf den Kasten der gegnerischen Mannschaft stellen. Die Kinder müssen durch Passspiel versuchen, den Ball zu ihrem König zu werfen. Fängt der König den Ball, gibt es einen Punkt und die gegnerische Mannschaft bekommt den Ball. Nun versucht die andere Mannschaft, den Pass zum König zu verhindern.

Variante: Mit Ball dürfen nur drei Schritte gelaufen werden.

Hinweis: Bei mehr als 20 Schülern sollte auf zwei Spielfeldern gespielt werden. Die Abbildung zeigt ein exemplarisches Feld.

Doppelstunde 8

Material

24 Bälle, 3 Softbälle, 8 Hütchen, 12 Markierungshemdchen, 22 Reifen, 16 Kegel oder PET-Flaschen, 4 Turnbänke, 4 Kästen

Basisfeld **Komplexität II**

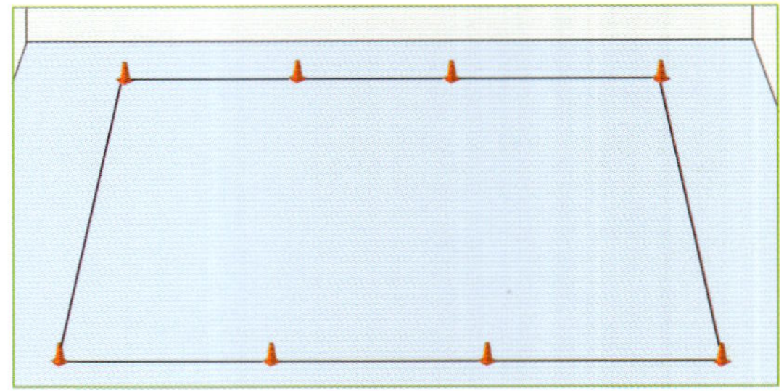

Kompetenzen

Überfachlich: Sich konzentriert mit einer Sache beschäftigen, Verantwortung für sich und andere übernehmen, Eigeninitiative und Engagement, kooperativ arbeiten, Regeln einhalten, mit Misserfolgen umgehen
Prozessbezogen: Kooperieren und Verständigen, Wagen und Verantworten, Leistung und Wettkampf, Bewegungserfahrungen

Stundenabschnitte und Unterrichtsinhalte	Organisatorische Hinweise
Phase 1	

Variabilitätsdruck

1. Verkehrte Welt

Beschreibung: Der Lehrer reist mit den Schülern in eine verrückte Welt, in der alles „verkehrt herum“ ist. Die Schüler sollen sich in dieser Welt zurechtfinden. Sie laufen durch die Halle. Der Lehrer gibt ihnen verschiedene Aufgaben, die sie „verkehrt herum“ ausführen, d. h.:

- stopp = bewegen / bewegen = stopp
- gehen = rennen / rennen = gehen
- vorwärts = rückwärts / rückwärts = vorwärts
- vorwärts laufen = rückwärts gehen / rückwärts laufen = vorwärts gehen
- sitzen = stehen / stehen = sitzen
- schleichen = trampeln / trampeln = schleichen usw.

Stundenabschnitte und Unterrichtsinhalte		Organisatorische Hinweise
Abschlussmöglichkeit nutzen	Lücke erkennen	

2. Burgverteidigung – nur für die Doppelstunde

Beschreibung: Aus Bänken und Kästen wird eine Festung errichtet. Um die Festung wird mit Hütchen ein Wassergraben markiert. Die Größe der Burg muss der Klassenstärke angepasst werden und die Größe des Wassergrabens deren Wurfstärke. Die Hälfte der Klasse spielt die Burgbewohner und befindet sich in der Burg. Die andere Hälfte die Angreifer, die außerhalb des Burggrabens stehen. Die Angreifer haben Stinkbomben (Bälle) und versuchen diese in die Burg zu werfen. Jeder Ball muss, bevor er im Burghof landet, einmal im Wassergraben den Boden berührt haben, sonst zählt der Wurf nicht. Die Burgbewohner wehren die Stinkbomben ab. Bälle, die im Burghof gelandet sind, werden von den Bewohnern wieder aus der Burg geworfen. Wenn ohne Wertung gespielt wird, werden die Rollen nach einer bestimmten Anzahl von Treffern getauscht. Spielt man mit Wertung, so werden die – nach Ablauf einer bestimmten Zeit – im Burghof liegenden Bälle als Treffer gezählt.

Variante: Die Burgbewohner können pro Seite einen Verteidiger auf die Mauer stellen.

Stundenabschnitte und Unterrichtsinhalte	Organisatorische Hinweise
Phase 2	

Präzisionsdruck | Ballgefühl

3. Koordinativ-technische Übungsphase mit dem Fuß

Beschreibung: Die Schüler verteilen sich auf zwei Felder. Jeder Schüler bekommt einen Ball und führt diesen innerhalb des Basisfeldes mit dem Fuß. Dabei dürfen die herumstehenden Kegel (ca. acht pro Spielfeld) nicht umfallen. Wer doch einen Kegel umstößt, muss ihn wieder aufstellen und dreimal (ohne Ball) um diesen herumlaufen. Während des Herumlaufens mit dem Ball am Fuß bekommen die Schüler zusätzliche Aufgaben von ihrem Lehrer:

- den Ball nur mit rechts/links führen
- mit beiden Füßen abwechselnd
- den Ball auf Kommando mit der Hand, dem Fuß, dem Knie usw. stoppen
- einmal mit Ball um die eigene Achse drehen

Variante: Jeder Übung wird eine Zahl, ein Buchstabe oder eine Farbe zugeordnet. Der Lehrer sagt jetzt nur noch z. B. die Zahl und die Kinder müssen sich die dazugehörige Übung merken.

Stundenabschnitte und Unterrichtsinhalte	Organisatorische Hinweise

Abschlussmöglichkeit nutzen

4. *Nummernball*

Beschreibung: Die Kinder verteilen sich auf zwei Felder. Sie werden in Vierergruppen eingeteilt und jedes Kind erhält eine Nummer von 1 bis 4. Die Schüler laufen, nachdem sie eine Nummer zugeordnet bekommen haben, mit dem Ball am Fuß kreuz und quer durch das Spielfeld.
Auf Zuruf einer Nummer müssen die entsprechenden Schüler, mit dem Ball in der Hand, so schnell wie möglich zu einem der außen liegenden Reifen laufen und sich hineinsetzen. Als Wettbewerb: Wer als erster in einem Reifen sitzt, sichert seiner Gruppe einen Punkt.

Variante 1: Der Ball wird mit der Hand geprellt oder mit dem Fuß geführt.

Variante 2: Es werden Tore aufgestellt, in die der Ball geworfen bzw. geschossen werden soll.

Ballabgabe kontrollieren

5. *Koordinativ-technische Übungsphase mit der Hand – nur für die Doppelstunde*

Beschreibung: Die Schüler stehen in Vierergruppen zusammen um einen Reifen im Abstand von zwei Metern herum. Jede Gruppe bekommt zwei Bälle. Die Kinder werfen dem gegenüber stehenden Partner in verschiedenen Höhen und in verschiedenen Varianten (Prellwürfe, einhändig, beidhändig, kniehoch, über den Kopf usw.) den Ball zu. Der Abstand wird nach und nach vergrößert.

Variante 1: Die Kinder spielen sich den Ball als Bodenpass zu.

Variante 2: Jetzt rollen sich zwei der Schüler den Reifen zu, während die anderen beiden versuchen, sich den Ball durch den Reifen zuzupassen (der Ball kann auch gerollt oder mit dem Fuß durch den Reifen geschossen werden).

Stundenabschnitte und Unterrichtsinhalte	Organisatorische Hinweise

Phase 3

Abschlussmöglichkeit nutzen

6. Kegelfußball

Beschreibung: In das Spielfeld werden ca. 13 Kegel pro Feld gestellt. Die Schüler werden in zwei Mannschaften aufgeteilt. Ziel des Spiels ist es, die Kegel auf der gegnerischen Seite zu treffen und gleichzeitig die eigenen Kegel zu verteidigen. Das Team, das als erstes die Kegel umgeschossen hat, hat gewonnen.

Variante 1: Es wird mit mehreren Bällen gespielt.

Variante 2: Es wird mit der Hand gespielt und die Kegel werden entweder umgeworfen oder umgerollt.

Hinweis zu Variante 1 und 2: Es kann auch eine Mittellinie markiert werden, von der aus auf die Kegel gezielt wird.

Variante 3: Alle Kegel dürfen umgeschossen werden. Gewonnen hat die Mannschaft, die die meisten Treffer erzielt hat.

Bemerkung: Wenn die verteidigende Mannschaft sich um einen Kegel versammelt, um ihn zu schützen, gilt folgende Regel: Wird ein Kind der verteidigenden Mannschaft vom Ball getroffen, muss es bis zur Hallenwand krabbeln, sodass sich die angreifende Mannschaft dadurch eine Überzahl verschaffen kann.

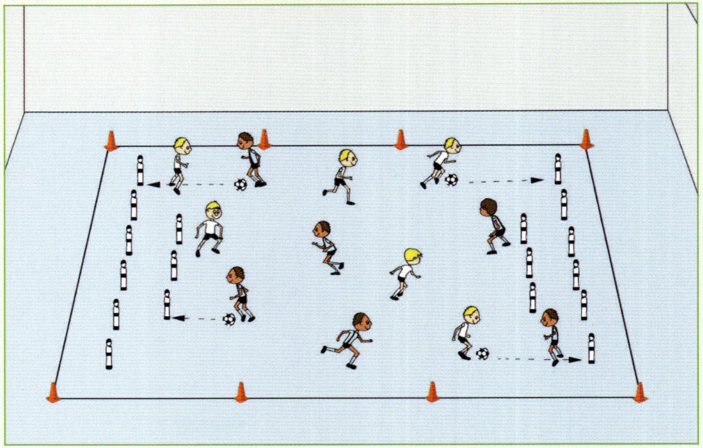

Hinweis: Es sollten vier Mannschaften gebildet werden, die dann im Turniermodus gegeneinander spielen.

Doppelstunde 9

Material

24 Bälle, 4 Tennisbälle, 1 Basketball, 1 Handball, 1 Fußball,
18 Markierungshemdchen, 4 Reifen, 4 Plastikbecher oder Schläger,
12 Hütchen, 2 Langbänke, 2 (Weichboden-)Matten

Basisfeld **Komplexität II**

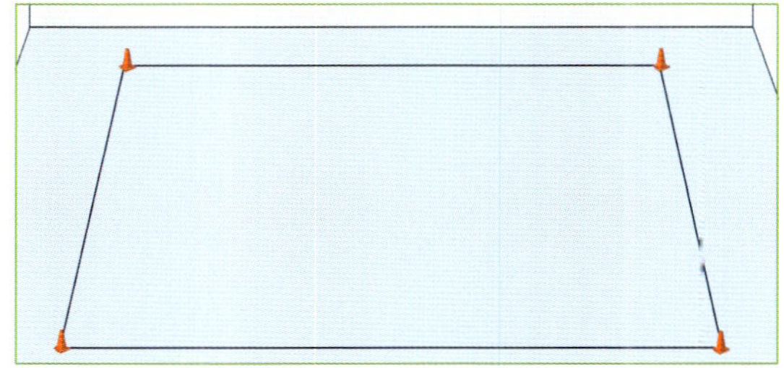

Kompetenzen

Überfachlich: Sich Neues merken und sich erinnern, Verantwortung für sich und andere übernehmen
Prozessbezogen: Kooperieren und Verständigen, Leistung und Wettkampf, Wagen und Verantworten, Körpererfahrungen

Stundenabschnitte und Unterrichtsinhalte		Organisatorische Hinweise
Phase 1		
Variabilitätsdruck	Ballabgabe kontrollieren	

1. Ball übergeben

Beschreibung: Die Kinder gehen kreuz und quer durch das Spielfeld. Auf ein Signal bringt der Lehrer einen Basketball ins Spiel. Sobald ein Schüler einem anderen Schüler begegnet, übergibt er den Ball mittels Bodenpass. Nach und nach bringt der Lehrer einen weiteren Ball ins Spiel. Der Handball darf nur direkt geworfen werden, der Fußball wird mit dem Fuß gespielt, der Tennisball wird übergeben.
Wichtig: Mehr als drei oder vier Bälle sollten nicht ins Spiel gebracht werden.

Variante 1: Die Bälle werden jetzt entgegen ihrer vorherigen Bestimmung gespielt, d. h. der Fußball wird geworfen, der Tennisball übergeben, der Handball mit einem Bodenpass gespielt, usw.

Variante 2: Das Spiel kann auch im Laufen gespielt werden.

Stundenabschnitte und Unterrichtsinhalte	Organisatorische Hinweise

Zeitdruck

2. Ballraub – *nur für die Doppelstunde*

Beschreibung: Es werden vier Mannschaften gebildet. Jede Mannschaft steht an einer Ecke des Spielfeldes. In der Mitte (Mittelkreis) liegen 24 Bälle. Jeweils sechs Bälle haben die gleiche Farbe oder das gleiche Aussehen (z. B. sechs rote Bälle, sechs Basketbälle, sechs Handbälle, usw.). Jede Gruppe bekommt eine Farbe (Ballsorte) zugeordnet. Auf ein Signal läuft jeweils das erste Kind einer Gruppe los und schnappt sich einen Ball der Farbe, die seinem Team zugeordnet wurde und bringt ihn zurück zu seiner Mannschaft (legt ihn in einem Reifen ab). Das nächste Kind darf loslaufen, wenn es abgeklatscht wurde. Das Ziel des Spiels ist es, als erstes Team alle Bälle der richtigen Farbe nach Hause zu bringen.

Variante 1: Der Ball muss auf dem Rückweg geprellt, mit dem Fuß geführt oder zu zweit transportiert werden.

Variante 2: Es dürfen auch Bälle der anderen Teams aus der Mitte geklaut werden. Das Spiel geht so lange bis ein Team all seine Bälle zusammen hat (die Bälle müssen in dieser Variante auch aus den Reifen der anderen Teams geklaut werden).

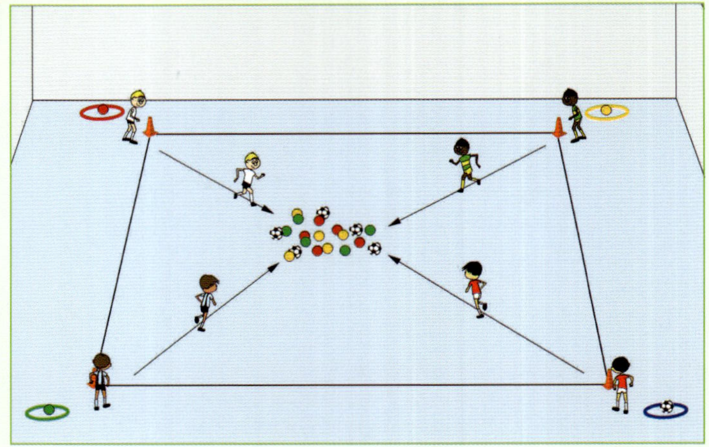

Stundenabschnitte und Unterrichtsinhalte	Organisatorische Hinweise

Phase 2

Organisationsdruck | Zeitdruck

3. Becher-Staffel

Beschreibung: Die Schüler werden in vier Gruppen aufgeteilt. Jede Gruppe erhält einen Plastikbecher (wahlweise ist auch ein Tennis-/Tischtennis- oder Badmintonschläger möglich). Jede Mannschaft stellt sich hinter einem Hütchen auf. Zwei Gruppen laufen innerhalb des Basisfeldes, zwei Gruppen außerhalb. Am Ende des Spielfeldes liegt für jede Mannschaft ein Reifen bereit. Das erste Kind balanciert einen Tennisball auf dem umgedrehten Becher. Aufgabe ist es, einmal um diesen herum und wieder zurückzulaufen. Ball und Becher werden dem nächsten Kind übergeben.

Variante 1: Die Kinder überwinden zusätzlich aufgebaute Hindernisse (z. B. Langbänke oder Hütchen, um die herum gelaufen werden muss).

Variante 2: Die Kinder tauschen den Ball an verschiedenen Stationen (Hütchen) gegen einen anderen (größeren oder schwereren) Ball aus.

Ballbesitz kontrollieren | Mitspielerpositionen/-bewegungen erkennen | Gegenspielerpositionen/-bewegungen erkennen

4. Dribbelticker

Beschreibung: Jedes Kind dribbelt mit seinem Ball innerhalb des abgegrenzten Spielfeldes am Fuß. Auf Nummernzuruf müssen die Kinder verschiedene Aufgaben lösen:

1: Den Ball mit der Sohle stoppen

2: Den Ball mit der Hand stoppen

3: Den Ball aufnehmen – hochwerfen – fangen

4: Die Bälle der anderen wegschießen

5: Den Ball tauschen

Stundenabschnitte und Unterrichtsinhalte	Organisatorische Hinweise

Gegenspielerpositionen/-bewegungen erkennen | Flugbahn des Balles erkennen

5. *Hin und Her – nur für die Doppelstunde*

10

Beschreibung: Die Kinder verteilen sich in die vier Spielfeldhälften. Zwischen den Feldern stehen zwei Jäger mit Ball.
Die Kinder in den Spielfeldern versuchen auf Kommando in die gegenüberliegende Hälfte zu laufen, ohne dabei im Zwischenraum vom Jäger abgeworfen zu werden. Später können auch zwei oder drei Kinder als Jäger agieren. Für jeden erfolgreichen Seitenwechsel gibt es einen Punkt.

Hinweis: Die Jäger dürfen nur werfen, wenn sich ein Kind zwischen den beiden Bänken/Kästen befindet.

Phase 3

Ballbesitz kooperativ sichern | Mit-/Gegenspielerpositionen/-bewegungen erkennen

6. *Rugby*

Beschreibung: Es wird Parteiball gespielt. Punkte können erzielt werden, wenn ein Kind den Ball fängt und sich mit maximal drei Schritten auf die (Weichboden-)Matte wirft. Bevor ein Punkt erzielt werden kann, müssen mindestens fünf Pässe innerhalb des Teams gespielt werden.

Variante: Mit Ball darf nur nach vorne gelaufen werden. Gepasst werden darf nur nach hinten.

Doppelstunde 10

Material

24 Bälle, 12 Hütchen, 20 Markierungshemdchen, 6 Reifen, 2 Bänke, 6 Hockeyschläger, 6 Seile, 6 Softbälle, 2 Weichbodenmatten, Kartenspiel

Basisfeld

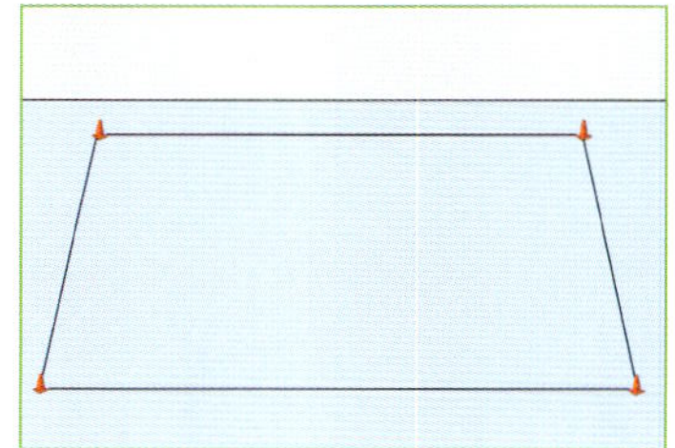

Komplexität II

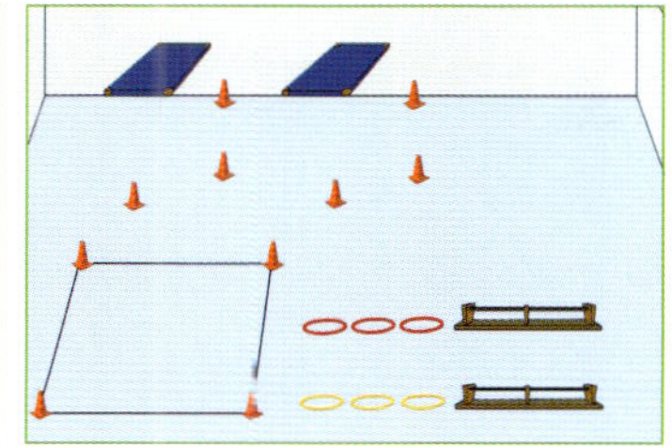

Kompetenzen

Überfachlich: Regeln einhalten, beharrlich und ausdauernd sein
Prozessbezogen: Kooperieren und Verständigen, Wettkampf

Stundenabschnitte und Unterrichtsinhalte	Organisatorische Hinweise
Phase 1	

Gegenspielerpositionen/-bewegungen erkennen

1. Wechselfangen

Beschreibung: Die Kinder legen sich immer zu zweit nebeneinander auf den Boden. Es gibt zwei Fänger und zwei Gejagte. Legt sich ein Gejagter zu einer Gruppe auf den Boden, wird derjenige, der am anderen Ende der Gruppe liegt, zum Fänger und der Fänger zum Gejagten.

Stundenabschnitte und Unterrichtsinhalte	Organisatorische Hinweise

Zeitdruck

2. *Kartenlauf* – *nur für die Doppelstunde*

Beschreibung: In der Mitte des Spielfeldes liegen 24 Zahlenkarten (jede Zahl von 1 bis 6 viermal) verkehrt herum. Die Kinder werden in vier Mannschaften aufgeteilt, die sich an den Hütchen aufstellen. Jede Mannschaft bekommt eine Zahl zugeteilt. Aufgabe ist es, vier Karten dieser Zahl zu sammeln. Wurde eine falsche Karte aufgedeckt, wird sie wieder umgedreht und das Kind rennt zurück zur Gruppe. Die Mannschaft, die zuerst alle vier Karten hat, gewinnt.

Variante 1: Die Kinder laufen nun mit einem Ball, den sie prellen, zu den Karten.

Variante 2: Die Mannschaft gewinnt, die zuerst eine vollständige Straße (Zahlenreihe) hat.

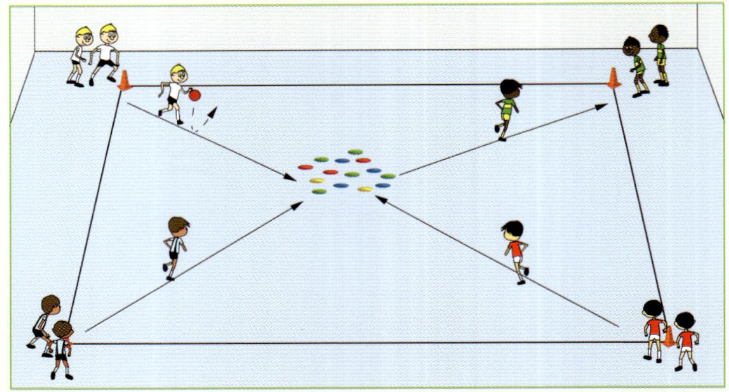

Phase 2

Variabilitätsdruck — Ballbesitz kontrollieren

3. Koordinativ-technische Übungsphase

Beschreibung: Es werden drei Stationen doppelt aufgebaut.

Station 1: Die Kinder teilen sich in sechs Gruppen auf und durchlaufen mit Ball den Reifen-Bank-Parcours. Zuerst führen die Kinder eine Sprungserie durch die Reifen aus. Anschließend balancieren sie über die umgedrehte Turnbank und prellen dabei den Ball neben der Bank. Bevor sie von der Bank springen, wird noch ein Doppelpass mit dem Lehrer ausgeführt.

Station 2: Kind 1 passt zu Kind 2; 2 zu 3; Kind 3 führt einen direkten Torschuss an die Wand aus; Kind 4 versucht als Torwart den Ball abzuwehren.

Station 3: Jedes Kind hat einen Ball und versucht verschiedene Aufgaben zu lösen:

- Ball hochwerfen und im Sitzen wieder fangen
- Ball hochwerfen, 360°-Drehung, Ball wieder fangen
- Ball hochwerfen, so oft wie möglich klatschen und ihn wieder fangen

Stundenabschnitte und Unterrichtsinhalte	Organisatorische Hinweise

Mitspielerpositionen/-bewegungen erkennen | Ballabgabe kontrollieren

4. *Wanderreifen*

Beschreibung: Es werden drei Paare aus jeweils zwei Kindern gebildet. Jedes Paar bekommt einen Reifen. Die restlichen Kinder nehmen sich einen Ball und prellen diesen kreuz und quer durch das abgegrenzte Spielfeld. Die Reifen-Paare bewegen sich mit ihrem Reifen um das Spielfeld herum. Auf Kommando des Lehrers müssen die Kinder so schnell wie möglich einen gezielten Wurf durch einen der Reifen ausführen.

Variante 1: Die Reifen werden so am Boden gehalten, dass die Kinder den Ball durch sie hindurchschießen können.

Variante 2: Es werden zwei Mannschaften gebildet. Welche Mannschaft schafft es in einer bestimmten Zeit die meisten Treffer zu erzielen?
Wichtig: Es darf nicht zweimal hintereinander in denselben Reifen geworfen werden.

Hinweis: Die Reifen können auch an zwei Seilen befestigt werden.

Phase 3

Abschlussmöglichkeit nutzen | Lücke erkennen

5. *Start und Ziel*

Beschreibung: Es werden fünf bis sieben Werfer bestimmt, die sich hinter der Ziellinie aufstellen. Die anderen Kinder (die Läufer) stehen ihnen hinter der Startlinie gegenüber. In der Mitte des Spielfeldes liegen fünf bis sieben Softbälle. Auf ein Startsignal starten die Läufer auf die andere Hallenseite. Die Werfer holen sich einen Ball und versuchen, die anderen Kinder an den Beinen abzuwerfen. Ist ein Kind getroffen, tauscht es in der nächsten Runde die Rolle mit dem Werfer.

Variante 1: Wurde ein Kind abgeworfen, versucht es gleich wieder ein anderes Kind abzuwerfen usw.

Variante 2: Die Werfer bleiben immer Werfer und es kommen neue Werfer, die abgeworfen wurden, dazu. Wer bleibt als letzter auf der Läuferseite?
Hinweis: Bei dieser Variante muss der Lehrer mit steigender Anzahl der Werfer weitere Bälle in die Mitte legen.

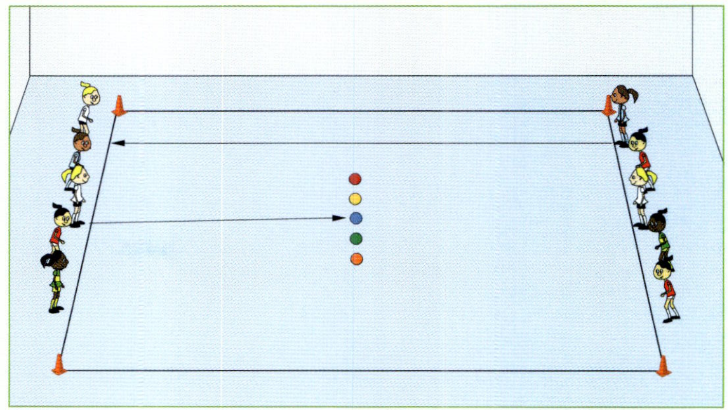

Hinweis: Den Werfern kann ein Vorsprung eingeräumt werden.

Stundenabschnitte und Unterrichtsinhalte		Organisatorische Hinweise
Ballabgabe kontrollieren	Zeitdruck	

6. *Kreisball – nur für die Doppelstunde*

11

Beschreibung: Alle Schüler stehen in einem Kreis. Zwei Kinder, die sich im Kreis gegenüberstehen, bekommen einen Ball.
Nun werden die Bälle im Kreis von Schüler zu Schüler übergeben (oder geworfen). Nach ein paar Durchgängen werden die Bälle in unterschiedliche Richtungen losgeschickt.

Wettspiel: Wenn beide Bälle in die gleiche Richtung gespielt werden, geht es darum, dass ein Ball den anderen einholt.

Variante 1: Es wird ein Joker bestimmt, der die Möglichkeit hat durch einen Bodenpass den Ball so vor den anderen Ball zu spielen, dass dieser als eingeholt gilt. Der Ball zählt nur als eingeholt, wenn er direkt zu dem Kind gespielt wird, das als nächstes den anderen Ball fangen müsste.

Variante 2: Zwei Teams stellen sich abwechselnd in einem Kreis auf, d. h. Kind A – Kind B – Kind A usw. An den gegenüberliegenden Stellen hält ein Kind des jeweiligen Teams einen Ball in der Hand.
Es wird immer dem nächsten Mannschaftskameraden der Ball zugepasst (also über jedes Kind der gegnerischen Mannschaft hinweg zum nächsten Kind der eigenen Mannschaft). Ziel ist es, schneller zu passen als die andere Mannschaft bzw. auf Fehler des Gegners zu hoffen und den anderen Ball einzuholen.

IV

Zehn Doppelstunden für die Klassen 3 und 4

Doppelstunden 11–20: Zielschuss- und Rückschlagspiele

Die sportspielgerichteten Ballschulen

Das altersgemäße Prinzip des „Abholens der Schüler, wo sie sind" verweist darauf, dass die Ziele, Inhalte und Methoden des Ballschul-ABCs im Verlauf der Grundschulzeit dem Entwicklungsstand der Kinder angepasst werden müssen. Aus unterrichtspraktischer Perspektive sind diese Veränderungen als *kontinuierlich-fließend* und nicht als „streng" stufenförmig einzuordnen. Die mit den Kapiteln III und IV pragmatisch vorgenommene Trennung und klassenspezifische Zuordnung der sportspielübergreifenden und sportspielgerichteten Ausbildung darf vor diesem Hintergrund nicht überinterpretiert werden.

Die Schüler der Klassen 3 und 4 weisen in aller Regel hinsichtlich der 3 x 7-Basiskompetenzen der Ballschule ein höheres Leistungsniveau auf als jüngere Kinder. Das hat wie immer altersbedingte und gleichzeitig umweltbezogene Ursachen. In der ersten Ballschul-Phase haben die Schüler bereits wichtige motorische Basiskompetenzen erworben bzw. optimiert und sie haben gelernt, wie man Spiele inszeniert und in Gang hält.

In den sportspielgerichteten Doppelstunden 11 bis 20 finden diese Fortschritte ihren Niederschlag. Neben den phylogenetischen Fertigkeiten im engeren Sinne werden erste einfache *sportmotorische (ontogenetische) Fertigkeiten* wie Prellen und Stoppen in die Spiele und Übungen integriert. Zudem greifen die methodischen Grundüberlegungen aus dem Kapitel I. Z. B. werden die Baustein-Anforderungen *mehrdimensionaler*. Numerisch betrachtet zielen die einzelnen Vermittlungsformen im Kapitel III auf durchschnittlich 1,58 Bausteine aus den Bereichen A, B, C; im Kapitel IV steigt dieser Mittelwert auf 2,61. Die *Vielseitigkeit* erfährt demgegenüber eine Einschränkung. Dies betrifft auf der taktischen „Medaillienseite" die vermehrte Konzentration auf die eigentlichen *Spielideen* der Torschuss- und Wurfspiele („Tore erzielen – Tore verhindern") und der Rückschlagspiele („regelgerechten Rückschlag verhindern").

Auf der anderen – der motorischen – Seite werden zunehmend Ausführungen mit dem Fuß oder Schläger (TS), der Hand (WS) bzw. der Hand oder dem Schläger (RS) bevorzugt.

Eine allgemeine Reihungsempfehlung für die Doppelstunden zu den Torschuss-, Wurf- und Rückschlagspielen gibt es nicht und kann es auch nicht geben. Hier helfen die bekannten methodischen Leitformeln „Vom Leichten zum Schweren!" sowie „Vom Einfachen zum Komplexen!" kaum weiter. Der Versuch ihrer Anwendung würde ja nicht mehr und nicht weniger bedeuten, als dass man die verschiedenen Sportspielgruppen in eine verbindliche Schwierigkeitsrangfolge bringen müsste. Das ist schlichtweg nicht möglich. Im Kapitel 2 wurde den Torschuss- und Wurfspielen eine etwas höhere taktische Komplexität attestiert. Umgekehrt sind aber die Rückschlagspiele zumindest für Anfänger auf Grund einer geringeren „Fehlertoleranz" bei den Bewegungsausführungen motorisch anspruchsvoller.

Die Ordnung der nachfolgenden Stundenbilder kann demzufolge als (fast) beliebig angesehen werden. Von der Anzahl der Doppelstunden wird ein etwas stärkerer Akzent auf die TS und die WS gegenüber den RS gelegt. Präsentiert werden jeweils vier Einheiten für die beiden erstgenannten und zwei für die letztgenannte Sportspielkategorie. Der Hauptgrund für diese Gewichtung ergibt sich daraus, dass die RS in der Schule wegen der oft mangelnden Hallengrößen und der nicht ausreichenden Materialausstattung häufig nicht angemessen durchgeführt werden können. Trotzdem bleibt es natürlich wünschenswert, dass auch die Rückschlagspiele (und hier nicht nur Badminton, sondern z. B. auch Volleyball und Schultennis) im Grundschulsport angemessen berücksichtigt werden.

Hinweis: In den Doppelstunden der 3. und 4. Klassen sollte vermehrt auf die organisatorischen Hinweise zur Mannschaftseinteilung, Spielorganisation und vor allem auf die Spielveränderungsprinzipien geachtet werden (vgl. Kapitel 3). In dieser Altersklasse verstärken sich die Probleme der Heterogenität der Lerngruppen vielfach, weil einige Schüler in Vereinen und/oder der Freizeit bereits vertiefende Sportspielerfahrungen gesammelt haben.

Doppelstunde 11 – TS 1

Material

24 Bälle, evtl. 24 Hockeyschläger, 12 Hütchen, 18 Markierungshemdchen

Basisfeld

Komplexität I

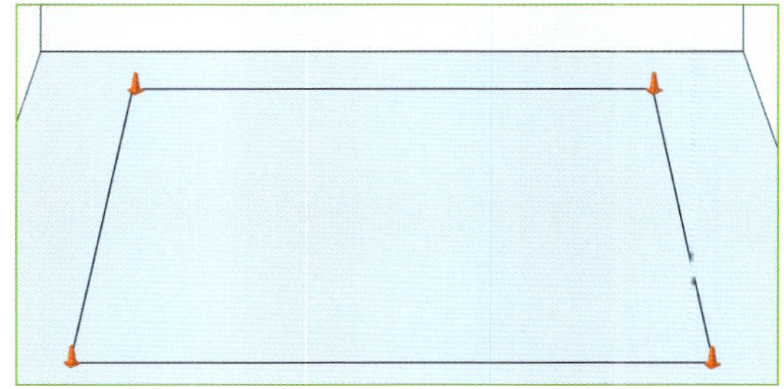

Kompetenzen

Überfachlich: Vereinbarte Regeln einhalten, kooperativ arbeiten, sich konzentriert mit einer Sache beschäftigen, kreative Ideen haben
Prozessbezogen: Leistung und Wettkampf, Kooperieren und Verständigen

Stundenabschnitte und Unterrichtsinhalte	Organisatorische Hinweise
Phase 1	

Mitspielerpositionen/ -bewegungen erkennen | Gegenspielerpositionen/ -bewegungen erkennen | Lücke erkennen

1. Schmetterlingsfangen

Beschreibung: Es wird ein Fänger bestimmt. Der Fänger versucht, im Basisfeld die anderen Kinder zu fangen. Wird ein Kind gefangen, gibt es kurzfristig zwei einzelne Fänger. Wird von nun an ein weiteres Kind von einem Fänger gefangen, nehmen sie sich an der Hand und versuchen, die anderen Kinder zu zweit zu fangen (danach zu dritt, zu viert usw.). Das Spiel dauert so lange, bis nur noch ein Kind übrig ist bzw. auch dieses gefangen wurde.

Stundenabschnitte und Unterrichtsinhalte	Organisatorische Hinweise

Ballgefühl | Präzisionsdruck

2. *Liniendribbeln* – *nur für die Doppelstunde*

Beschreibung: Jedes Kind erhält einen Ball (und einen Schläger) und dribbelt zur Ballgewöhnung auf einer Linie des Hallenbodens.

Variante 1: Kommt ein Kind entgegen, muss das andere vorher abbiegen oder die Richtung wechseln.

Variante 2: Kommt ein Kind entgegen, erfolgt ein Balltausch und die Kinder behalten ihre Richtung bei.

Hinweis: Es kann mit dem Ball am Fuß und/oder mit einem Hockeyschläger gedribbelt werden.

Ballgefühl | Präzisionsdruck | Ballabgabe kontrollieren

3. *Zielpassen* – *nur für die Doppelstunde*

Beschreibung: Es werden vier Mannschaften mit je sechs Kindern gebildet. Je drei Kinder stellen sich gegenüber. Zwischen den beiden Gruppen steht in der Mitte ein Hütchentor, durch das sich die Kinder (mit dem Fuß bzw. dem Schläger) den Ball passen müssen. Hat ein Kind einen Pass gespielt, stellt es sich wieder hinter seiner Gruppe an. Es gibt zu Beginn keine Begrenzung der Ballkontakte, um den Ball zu stoppen, sich vorzulegen und zurück zu passen. Die Kinder sollen jedoch einen gewissen Abstand zum Hütchentor einhalten (evtl. Markierung vorgeben).

Variante 1: Nach dem Pass stellt sich das Kind auf der gegenüberliegenden Seite an.

Variante 2: Es sind nur zwei Kontakte erlaubt (stoppen und passen); später muss direkt hin- und hergepasst werden.

Hinweis: Es kann mit dem Ball am Fuß und/oder mit einem Hockeyschläger gepasst werden.

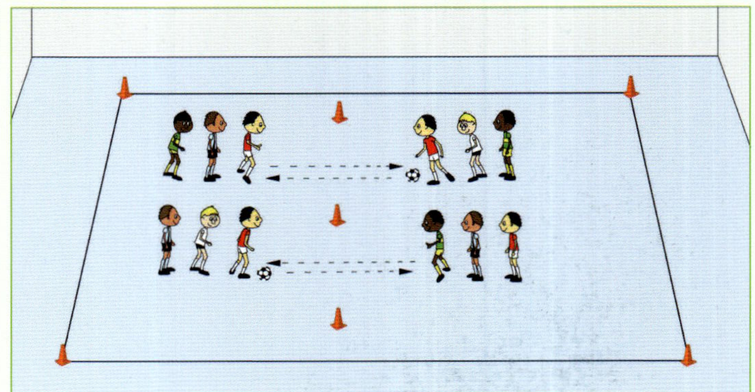

Ballbesitz kooperativ sichern	Lücke erkennen	Ballbesitz individuell sichern	Abschlussmöglichkeit nutzen

4. *Durch die Mitte*

Beschreibung: Die oben beschriebenen Gruppen bleiben bestehen. Für jedes Team wird ein Feld mit drei Zonen erstellt (mit Hütchen begrenzen; evtl. bestehende Bodenmarkierungen nutzen). In jeder Zone befinden sich zwei bis drei Kinder. Die Kinder der ersten Zone haben einen Ball und versuchen, diesen durch die Mittelzone (Zone B) hindurch zu Zone C zu passen (mit dem Fuß oder dem Schläger), in der die anderen beiden Kinder den Ball erwarten. Das Team in der Mitte versucht dies zu verhindern. Jede Mannschaft bleibt eine bestimmte Zeit in der Mittelzone und zählt die von ihnen abgefangenen Bälle.

Variante 1: Das Paar/Trio, von dem der Ball abgefangen wurde, geht in die Mitte.

Variante 2: Je zwei Kinder nehmen sich an der Hand und agieren in der Mitte als Team (später stellen sie sich gegengleich auf, d. h. Kind 1 schaut zu Zone A, Kind 2 steht mit dem Rücken zu Zone A und schaut in Richtung Zone C).

Hinweis: Statt sich an den Händen zu fassen, können die Kinder auch ein Markierungsband bzw. ihren Hockeyschläger gemeinsam halten.

Stundenabschnitte und Unterrichtsinhalte	Organisatorische Hinweise
Anbieten und Orientieren · Abschlussmöglichkeit nutzen	

5. Geh-Fußball/Geh-Hockey

Beschreibung: Es werden zwei Mannschaften gebildet, die jeweils ein Tor verteidigen bzw. auf einem Tor Punkte erzielen können. Es darf nur gegangen werden; keiner läuft bzw. rennt.

Variante 1: Einen zweiten Ball ins Spiel bringen.

Variante 2: Es wird auf vier Tore gespielt (mit einem oder zwei Bällen).

Hinweis: Es kann mit dem Ball am Fuß und/oder mit Hockeyschlägern gespielt werden (Hockeyschlägerregeln beachten!).

Hinweis: Das Gehen dient als Vereinfachungsstrategie, da das Spiel dadurch langsamer wird.

Phase 3

Ballbesitz kooperativ sichern · Abschlussmöglichkeit nutzen · Anbieten und Orientieren

6. Zweier-Fußball

Beschreibung: Die oben beschriebenen Mannschaften bleiben bestehen. Jedes Kind bekommt einen Partner zugeordnet (auch der Torhüter): Sie fassen sich an der Hand und bilden eine Einheit, d. h. jede Bewegung wird zusammen gemacht.

Variante 1: Es wird mit zwei Bällen gespielt.

Hinweis 1: Statt sich an den Händen zu fassen, können die Kinder auch ein Markierungsband gemeinsam halten.

Hinweis 2: Wird mit Hockeyschlägern gespielt, wird jeweils ein Bein mit dem des Partners zusammen gebunden (generell: Hockeyschlägerregeln beachten!).

Doppelstunde 12 – TS 2

Material

24 Bälle, evtl. 24 Hockeyschläger, 20 Hütchen, 12 Markierungshemdchen, 2 Tore

Basisfeld

Komplexität II

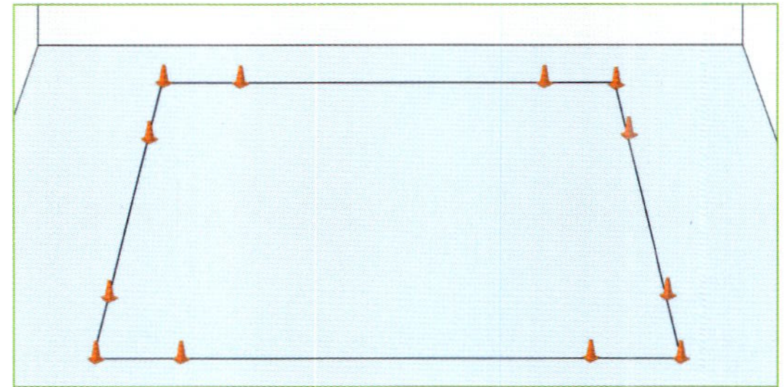

Kompetenzen

Überfachlich: Sich in andere hineinversetzen, Rücksicht nehmen, anderen helfen, Ideen, Eigeninitiative und Engagement zeigen, Zutrauen zu sich und zum eigenen Handeln haben

Prozessbezogen: Kooperieren und Verständigen, Ausdruck, Darstellen und Gestalten

Stundenabschnitte und Unterrichtsinhalte	Organisatorische Hinweise
Phase 1	

Anbieten und Orientieren | Lücke erkennen

1. Schlangenfangen

Beschreibung: Es werden mehrere Gruppen mit je vier bis sechs Kindern gebildet. Vier bis fünf Kinder stellen sich hintereinander auf, umfassen das vordere Kind mit beiden Händen an der Hüfte und bilden eine Schlange. Das hinterste Kind hat ein Leibchen (Markierungsband, Seil) in der Hose stecken. Ein Kind steht der Gruppe gegenüber und versucht, das hinterste Kind zu berühren bzw. sich das Schwänzchen zu schnappen. Die Gruppe versucht, dies durch geschicktes Manövrieren zu verhindern und das hinterste Kind zu schützen.

Stundenabschnitte und Unterrichtsinhalte			Organisatorische Hinweise
Komplexitätsdruck	Organisationsdruck	Ballbesitz kontrollieren	

2. Schattendribbeln

Zu Beginn ohne Ball mit verschiedenen Laufformen (z. B. Hopserlauf) und turnerischen Elementen (z. B. Purzelbaum).

Beschreibung: Jedes Kind hat einen Ball (und einen Schläger). Es gehen immer zwei Kinder zusammen. Beide laufen vorwärts. Das vordere Kind macht etwas mit dem Ball vor und das hintere muss es nachmachen, z. B. nach rechts, einen Kreis dribbeln, Ball vorspielen – eine Drehung machen – weiterdribbeln, Tempowechsel usw.

Variante 1: Der Vordermann dreht sich mit dem Gesicht zum Hintermann und hat keinen Ball mehr. Das Kind mit Ball gibt die Bewegung, das Tempo und die Richtung vor. Das andere Kind läuft rückwärts und versucht, die Bewegungen mitzumachen (Zweikampf simulieren).

Hinweis: Es kann mit dem Ball am Fuß und/oder mit einem Hockeyschläger gedribbelt werden.

Phase 2

Ballgefühl	Ballabgabe kontrollieren	Ballbesitz kontrollieren

3. Domino-Staffel

12

Beschreibung: Es werden vier gleich große Mannschaften gebildet (idealerweise Fünferteams), denen jeweils ein quadratisches Feld zugewiesen wird. Drei Hütchen sind von je einem Kind besetzt. Das Starthütchen, an dem sich der Ball befindet, ist mit zwei Kindern besetzt. Das erste Kind des Starthütchens dribbelt mit dem Ball im/gegen den Uhrzeigersinn los und übergibt den Ball an das am nächsten Hütchen wartende Kind. Dieses Kind dribbelt zu Hütchen 3 usw. Welche Gruppe ist zuerst wieder am Starthütchen? Zu Beginn kann das Spiel evtl. auch mit der Hand gespielt werden: rollen/werfen und nachlaufen.

Variante 1: Der Ball wird nun gepasst. Jedes Kind läuft seinem Pass hinterher und stellt sich am nächsten Hütchen an.

Variante 2: Der Ball wird im Uhrzeigersinn gepasst. Das Kind läuft aber zum nächsten Hütchen entgegen dem Uhrzeigersinn.

Variante 3: Sechs Kinder pro Feld mit zwei Bällen. Es gibt also zwei Starthütchen, die doppelt besetzt sind.

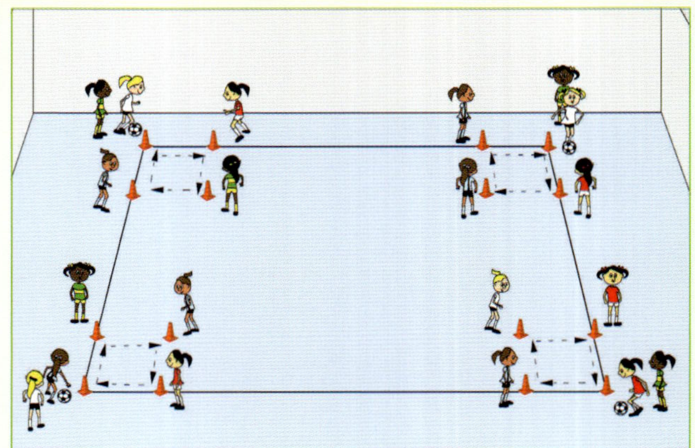

Hinweis: Es kann mit dem Ball am Fuß und/oder mit einem Hockeyschläger gepasst bzw. gedribbelt werden.

Stundenabschnitte und Unterrichtsinhalte			Organisatorische Hinweise
Ballbesitz individuell sichern	Ballbesitz kontrollieren	Abschlussmöglichkeit nutzen	

4. *Slalompiste – nur für die Doppelstunde*

Beschreibung: Es werden zwei Gruppen gebildet: Jede Gruppe bekommt ein Tor zugewiesen. Der Lehrer baut eine „Skipiste" bestehend aus sechs Hütchen, die die Kinder nach verschiedenen Vorgaben mit dem Fuß durchdribbeln und danach aufs Tor schießen. Wer geschossen hat, geht ins Tor.

Varianten:
- Abstand verringern/vergrößern bzw. Hütchen seitlich versetzen
- nur mit rechts dribbeln
- nur mit links dribbeln
- nur mit den beiden Innenseiten dribbeln
- nur mit dem Außenrist dribbeln
- um jedes zweite Hütchen dribbeln
- um jedes dritte Hütchen dribbeln

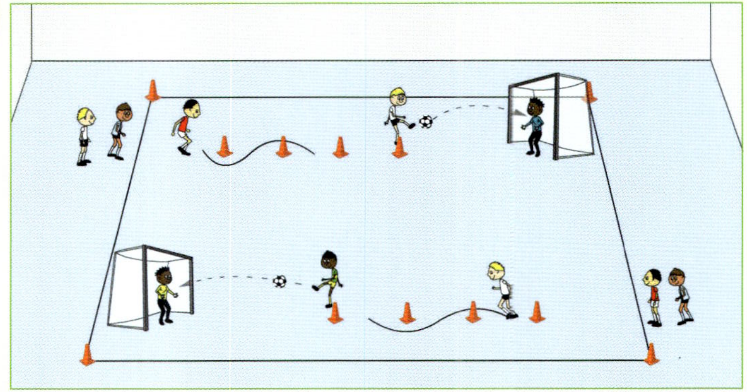

Hinweis: Es kann auch mit dem Hockeyschläger gedribbelt und geschossen werden.

Phase 3

Anbieten und Orientieren	Abschlussmöglichkeit nutzen

5. *Sitzfußball auf 4 Tore – nur für die Doppelstunde*

Beschreibung: Es werden zwei Mannschaften gebildet. Alle Kinder dürfen sich nur krabbelnd fortbewegen und im Sitzen den Ball mit den Füßen spielen.

Variante: Zwei Mannschaften mit zwei bis drei Bällen gleichzeitig spielen lassen oder kleinere Felder machen mit kleineren Teams. Es können auch Pezzibälle verwendet werden.

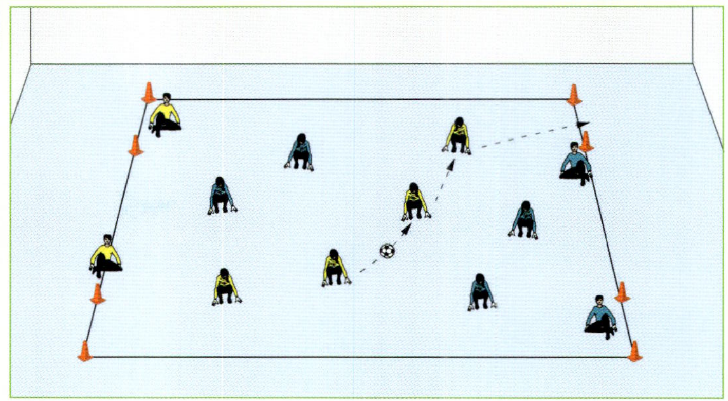

Stundenabschnitte und Unterrichtsinhalte				Organisatorische Hinweise
Überzahl individuell herausspielen	Überzahl kooperativ herausspielen	Anbieten und Orientieren	Abschlussmöglichkeit nutzen	

6. 4-Tore-Fußball / 4-Tore-Hockey

Beschreibung: Die oben gebildeten Mannschaften bleiben bestehen. Jede Mannschaft hat zwei Tore zu verteidigen bzw. kann auf zwei Tore Treffer erzielen.

Variante 1: Es wird mit Torhüter gespielt.

Variante 2: Auf jedes Tor können Treffer erzielt werden.

Variante 3: Es wird mit zwei Bällen gespielt.

Hinweis: Es kann mit dem Ball am Fuß und/oder mit einem Hockeyschläger gespielt werden (Hockeyschlägerregeln beachten!).

Hinweis: Es kann auch auf zwei Feldern quer über das Spielfeld gespielt werden (d. h. vier Teams spielen). Die Abbildung zeigt das ursprünglich beschriebene Feld.

Doppelstunde 13 – TS 3

Material

24 Bälle, evtl. 24 Hockeyschläger, 16 Hütchen, 12 Markierungshemdchen, 4 Reifen

Basisfeld **Komplexität II–III**

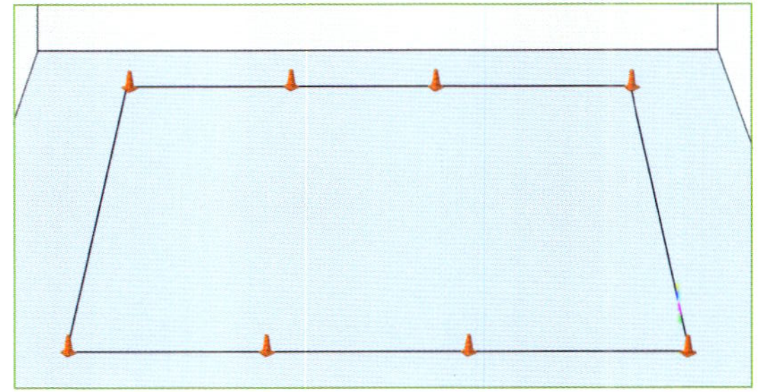

Kompetenzen

Überfachlich: Sich konzentriert mit einer Sache beschäftigen, sich Neues merken und Gelerntes erinnern, vereinbarte Regeln einhalten
Prozessbezogen: Leistung und Wettkampf, Körper- und Bewegungserfahrungen

Stundenabschnitte und Unterrichtsinhalte	Organisatorische Hinweise

Phase 1

Ballgefühl | Ballbesitz kontrollieren | Variabilitätsdruck

1. Koordinativ-technische Übungsphase

Beschreibung: Alle Kinder haben einen Ball und dribbeln innerhalb des Feldes umher. Es werden verschiedene Aufgaben durch Nummern vorgegeben, z. B.:
1 = auf den Ball bzw. auf den Po setzen und weiterdribbeln
2 = den Ball stoppen, ihn liegen lassen und mit einem anderen Ball weiterdribbeln
3 = mit der Stirn den Ball berühren und weiterdribbeln
usw.

Hinweis: Es kann mit dem Ball am Fuß und/oder mit einem Hockeyschläger gedribbelt werden.

Stundenabschnitte und Unterrichtsinhalte			Organisatorische Hinweise
Ballbesitz kontrollieren	Laufweg zum Ball bestimmen	Variabilitätsdruck	

2. Ballwechsel

13

Beschreibung: Die ganze Klasse stellt sich im Kreis auf bzw. es werden zwei Kreise gebildet (evtl. mit Hütchen abstecken). Sie dribbeln in vorgegebener Richtung mit dem Ball. Auf ein Zeichen des Lehrers stoppen alle Kinder den Ball, bleiben auf der Stelle stehen und dribbeln nach einem erneuten Zeichen wieder weiter.

Variante 1: Nach dem Zeichen stoppen alle Kinder ihren Ball und dribbeln in der entgegengesetzten Richtung weiter.

Variante 2: Nach dem Zeichen stoppen alle Kinder ihren Ball, lassen ihn liegen und dribbeln mit dem Ball des Vordermanns weiter.

Variante 3: Nach dem Zeichen stoppen alle Kinder ihren Ball und dribbeln mit dem Ball des Hintermanns weiter.

→ Nun können allen Varianten eine Zahl zugeordnet und die Kommandos durcheinander benutzt werden.

Hinweis: Es kann mit dem Ball am Fuß und/oder mit einem Hockeyschläger gedribbelt werden.

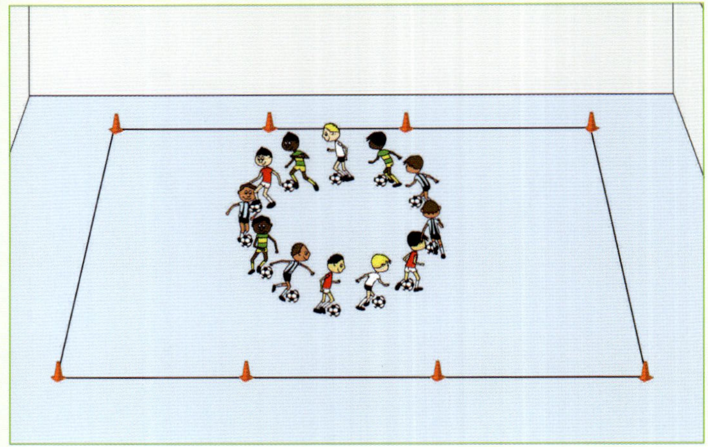

Stundenabschnitte und Unterrichtsinhalte			Organisatorische Hinweise
Phase 2			
Ballbesitz individuell sichern	Ballbesitz kontrollieren	Lücke erkennen	

3. *Ballarbeit – nur für die Doppelstunde*

a) Ball-Blockade

Beschreibung: Die Kinder gehen zu zweit zusammen. Ein Kind hat den Ball und versucht, ihn gegen das angreifende Kind abzuschirmen. Es soll immer den Körper zwischen Ball und angreifendem Kind halten. Nach einer bestimmten Zeit erfolgt ein Rollentausch.

b) Schütz den Ball

Beschreibung: Die beiden Gruppen teilen sich auf in jeweils zehn Kinder, die mit Ball an eine Hallenwand gehen und ca. vier Kinder, die sich ohne Ball in die Mitte stellen. Die Kinder mit Ball versuchen, mit diesem auf die andere Seite zu dribbeln. Die Kinder in der Mitte, die keinen Ball haben, versuchen die Bälle von den entgegenkommenden Kindern zu berühren (wegzuschießen oder zu erobern). Gelingt dies, muss das andere Kind in die Mitte.

Variante 1: Die Kinder in der Mitte haben ebenfalls einen Ball am Fuß und versuchen, einen anderen Ball ohne Verlust des eigenen Balles zu berühren.

Variante 2: Verliert ein Kind seinen Ball, muss es ebenfalls in die Mitte, sodass sich die Anzahl der Kinder in der Mitte ohne Ball stetig erhöht.

Hinweis: Bei großen Klassen ist es sinnvoll, quer über das Spielfeld zu spielen.

Stundenabschnitte und Unterrichtsinhalte				Organisatorische Hinweise
Ballbesitz individuell sichern	Ballbesitz kontrollieren			

4. Ballkönig – *nur für die Doppelstunde*

Beschreibung: Ein Spielfeld wird in vier Zonen (I, II, III, IV) geteilt. Alle Kinder dribbeln mit ihrem Ball am Fuß durch Zone I und versuchen, den Ball eines gegnerischen Kindes ohne Körperkontakt und ohne Verlust des eigenen Balles herauszuspielen. Wem dies gelingt, dribbelt in der Zone II weiter. Ballkönig ist das Kind, das es zuerst in Zone IV schafft. (Wird der Ball in Zone II weggespielt, darf das Kind in Zone II bleiben).

Variante 1: Es wird mit Auf- und Abstieg gespielt, d. h. wenn z. B. einem Kind in der Zone II der Ball weggeschnappt wird, muss es in Zone I weiterdribbeln. Der andere darf in Zone III.

Variante 2: Die Zonen können unterschiedlich groß sein.

Hinweis: Bei großen Klassen ist es sinnvoll, quer über das Spielfeld zu spielen.

Phase 3

Ballbesitz kooperativ sichern	Lücke erkennen	Überzahl kooperativ herausspielen	Abschlussmöglichkeit nutzen

5. Hand-Fußball

Beschreibung: Es werden zwei Mannschaften gebildet. Das Spielfeld wird in zwei Hälften unterteilt. Auf der einen wird Handball und auf der anderen Fußball gespielt. Dies bedeutet, dass auf der einen Spielfeldhälfte nur mit der Hand gespielt wird und Tore geworfen werden können. Überquert der Ball die Mittellinie, darf er nur noch mit dem Fuß weitergespielt werden und Tore nur per Torschuss erzielt werden.

Hinweis: Bei großen Klassen ist es sinnvoll, quer über das Spielfeld auf zwei Feldern zu spielen. Die Abbildung zeigt das ursprünglich beschriebene Feld.

Stundenabschnitte und Unterrichtsinhalte				Organisatorische Hinweise
Lücke erkennen	Anbieten und Orientieren	Ballbesitz kooperativ sichern	Überzahl kooperativ herausspielen	

6. 2-Zonenball

Beschreibung: Es wird ein normales Spielfeld aufgebaut (zwei Tore, zwei Hälften mit Mittellinie). Aus Sicht eines Teams gibt es eine Angriffs- und eine Verteidigungszone. In der Angriffszone ist ein Team in Überzahl und in der Verteidigungszone besteht ein Unterzahlverhältnis. Die Kinder dürfen ihre zugewiesenen Zonen nicht verlassen.

Variante 1: In jeder Zone herrscht Gleichzahl.

Variante 2: Es wird mit zwei Bällen gespielt.

Variante 3: Es gibt ein Kind, das sich frei bewegen darf.

Variante 4: Das Kind, das den Ball in die andere Zone gespielt hat, darf nachlaufen.

Hinweis: Es kann mit dem Ball am Fuß und/oder mit einem Hockeyschläger gespielt werden (Hockeyschlägerregeln beachten!).

Hinweis: Bei großen Klassen ist es sinnvoll, quer über das Spielfeld auf zwei Feldern zu spielen. Die Abbildung zeigt das ursprünglich beschriebene Feld.

Doppelstunde 14 – TS 4

Material

24 Bälle, evtl. 24 Hockeyschläger, 12 Hütchen, 12 Markierungshemdchen, 4 Langbänke

Basisfeld

Komplexität II–III

Kompetenzen

Überfachlich: Kooperativ in Gruppen arbeiten, motiviert sein, etwas zu schaffen oder zu leisten, übernimmt Verantwortung für sich und andere
Prozessbezogen: Kooperieren und Verständigen

Stundenabschnitte und Unterrichtsinhalte	Organisatorische Hinweise

Phase 1

Spielpunkt des Balles bestimmen	Ballabgabe kontrollieren		

1. *Brasilianisches Eck*

14

Beschreibung: Es werden mehrere Kreise mit ca. sechs Kindern gebildet. Die Kinder fassen sich an der Hand und passen sich einen Ball im Kreis stehend hin und her. Der Ball darf den Kreis nicht verlassen!
Hinweis: Wenn mit dem Hockeyschläger gespielt wird, fassen sich die Kinder zwar nicht an den Händen, müssen aber stets die Kreisform wahren.

Variante 1: Die Kinder laufen im Kreis und passen sich den Ball dabei zu.

Variante 2: Die Gruppen machen mit einem Ball pro Kreis ein Wettrennen auf die andere Hallenseite und dürfen weder den Kreis auflösen noch den Ball aus dem Kreis lassen.

Variante 3: Auf der Stelle stehend werden zwei Bälle im Kreis hin- und hergepasst.

Stundenabschnitte und Unterrichtsinhalte				Organisatorische Hinweise
Komplexitätsdruck	Organisationsdruck	Zeitdruck	Flugbahn des Balles erkennen	

2. *Ballkoordination* – *nur für die Doppelstunde*

Beschreibung: Es werden verschiedene Aufgaben gestellt, z. B.

- A und B haben je einen Ball und stehen sich frontal gegenüber. A passt seinen Ball mit dem Fuß zu B, während B gleichzeitig seinen Ball zu A wirft.
- A und B stehen sich mit Ball gegenüber. Sie werfen sich den Ball zu. Zusätzlich wird ein dritter Ball mit den Füßen hin- und hergepasst.
- A steht etwa 2 Meter hinter B und wirft den Ball in einem hohen Bogen über B hinweg. B läuft dem Ball nach und fängt diesen sicher im Stand. Danach erfolgt der Rollentausch.
- A steht hinter B und wirft den Ball über ihn. B läuft dem Ball hinterher und bringt ihn unter Kontrolle. Danach passt Kind B mit dem Fuß zurück zu Kind A.
- A positioniert sich mit einem Ball hinter B, der ca. zwei bis drei Meter von der Wand entfernt steht. A wirft (oder schießt) den Ball gegen die Wand und B muss auf den von der Wand abprallenden Ball reagieren und ihn mit dem Fuß kontrollieren (fangen/stoppen).

Stundenabschnitte und Unterrichtsinhalte			Organisatorische Hinweise
Phase 2			
Ballabgabe kontrollieren	Spielpunkt des Balles bestimmen	Laufweg zum Ball bestimmen	

3. *Doppelpass – nur für die Doppelstunde*

Beschreibung: Es werden vier Turnbänke auf die Seite gelegt. Vor jeder umgekippten Bank steht eine Gruppe. Jede Gruppe hat einen Ball und zählt, wie oft sie es schafft, ihn gegen die Turnbank zu spielen. Zuerst sind zwei Kontakte pro Kind erlaubt, später nur einer (ohne dass der Ball über oder neben die Bank fliegt).

Varianten:
- Jedes Kind schießt zweimal hintereinander gegen die Bank bevor das nächste Kind kommt
- Mit dem schwachen Fuß spielen (entfällt beim Hockey)
- Mit seinem Pass an die Bank ruft das vordere Kind rechts oder links und gibt somit dem hinteren Kind das Spielbein vor (entfällt beim Hockey)
- Mit seinem Pass an die Bank ruft das vordere Kind eine Zahl zwischen 1 und 3 und gibt somit dem hinteren Kind die Anzahl der Pässe vor, die es gegen die Bank spielen muss

Hinweis 1: Sollten die Kinder immer näher an die Bank vorrücken, kann eine Tabuzone aufgebaut werden (damit ein Abstand zur Bank gewahrt bleibt).

Hinweis 2: Es kann mit dem Ball am Fuß und/oder mit einem Hockeyschläger gepasst werden.

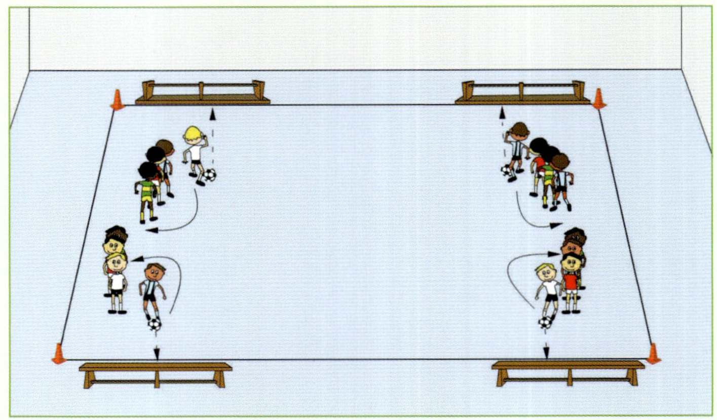

Stundenabschnitte und Unterrichtsinhalte				Organisatorische Hinweise
Abschlussmöglichkeit nutzen	Anbieten und Orientieren	Überzahl kooperativ herausspielen		

4. *Bewegliche Tore*

Beschreibung: Zwei Gruppen spielen in nebeneinander angeordneten Aktionsräumen gegeneinander. Auf dem Spielfeld der anderen Mannschaft agieren je zwei bewegliche Tore. Diese bestehen aus zwei gegnerischen Kindern, die sich mit ausgestreckten Armen an der Hand halten (bzw. ein Leibchen, ein Seil oder einen Hockeyschläger) und durch den Aktionsraum gehen. Jedes Kind hat einen Ball, darf mit dem Ball dribbeln und versucht, so oft wie möglich durch das bewegliche Tor durch zu passen. Die beweglichen Tore versuchen, diesen Treffern auszuweichen (zuerst nur gehend). Welches Kind erzielt die meisten Treffer?
Variante 1: Die beweglichen Tore dürfen auch laufen/rennen.
Variante 2: Die Gruppen werden zu Teams und spielen gegeneinander. Beide Teams sind im Besitz zweier Bälle, die sie sich situationsgerecht zuspielen sollen, um in eine günstige Position in der Nähe des beweglichen Tores zu gelangen, damit sie durchpassen können.

Hinweis: Es kann mit dem Ball am Fuß und/oder mit einem Hockeyschläger gespielt werden.

Phase 3

Lücke erkennen	Anbieten und Orientieren	Ballbesitz kooperativ sichern	Überzahl kooperativ herausspielen

5. *3-Zonen-Ball*

Beschreibung: Das Spielfeld wird in drei Zonen aufgeteilt. Aus Sicht eines Teams gibt es eine Angriffszone (mit dem gegnerischen Tor), eine Mittelzone und eine Verteidigungszone (wo das eigene Tor steht). In der Angriffszone ist ein Team in Überzahl, in der Mittelzone in Gleichzahl und in der Verteidigungszone besteht ein Unterzahlverhältnis. Die Kinder dürfen ihre zugewiesenen Zonen nicht verlassen. Der Ball muss von Zone zu Zone gespielt werden.
Variante 1: In jeder Zone herrscht Gleichzahl.
Variante 2: Gespielt wird mit zwei Bällen.
Variante 3: Es gibt pro Mannschaft ein Kind, das sich frei bewegen darf (Hockeyschlägerregeln beachten).
Wichtig: Zeit für das Durchwechseln der Zonen einplanen, sodass jedes Kind in allen drei Zonen gespielt hat!

Hinweis: Bei großen Klassen ist es sinnvoll, zwei Felder aufzubauen und jeweils über die Querseite der Halle zu spielen. Die Abbildung zeigt ein exemplarisches Feld.

Doppelstunde 15 – WS 1

Material

24 Bälle, 8 Medizinbälle, 12 Hütchen, 12 Markierungshemdchen, 2 Reifen, 2 kleine Kästen, 2 Matten, Zeitungspapier

Basisfeld **Komplexität I**

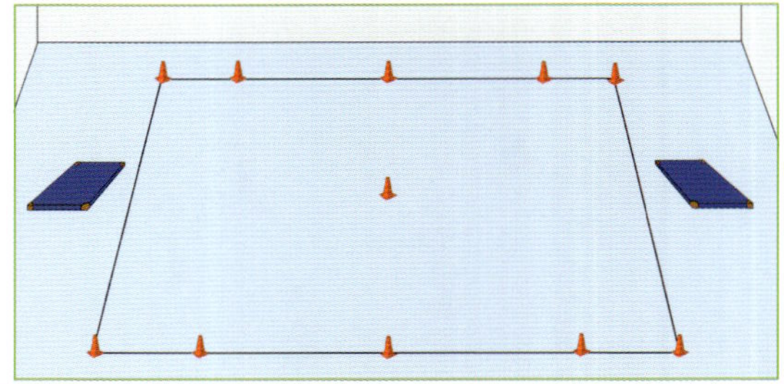

Kompetenzen

Überfachlich: Kreative Lösungen finden, Regeln einhalten, mit Misserfolg umgehen, Zutrauen zum eigenen Können haben
Prozessbezogen: Etwas Wagen, Leistung und Wettkampf

Stundenabschnitte und Unterrichtsinhalte	Organisatorische Hinweise

Phase 1

Ballbesitz individuell sichern	Überzahl individuell herausspielen		

1. Schütze deinen Ball

Beschreibung: Zwei Mannschaften werden gebildet. Eine Mannschaft besteht aus den Torwächtern, die andere aus den Eroberern. Mit Hütchen werden zwei (oder drei) Tore (Zonen) abgesteckt. Jeweils vier bis fünf Wächter bewachen ein Tor (ohne Ball). Die Eroberer versuchen, mit dem Ball auf die andere Seite des Spielfeldes zu prellen, ohne von den Torwächtern abgeschlagen zu werden. Die Wächter dürfen ihr Tor nicht verlassen. Für jede ungestörte Überquerung des Spielfeldes bekommen die Eroberer einen Punkt. Nach fünf Angriffen wechseln die Teams.

Variante 1: Immer zwei Torwächter halten sich an den Händen.

Variante 2: Die Torwächter prellen ebenfalls einen Ball.

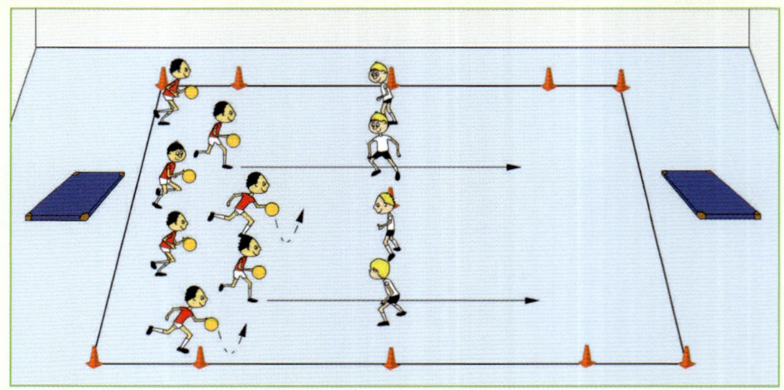

Hinweis: Es sollte quer über das Spielfeld gespielt werden.

Stundenabschnitte und Unterrichtsinhalte		Organisatorische Hinweise
Zeitdruck	Ballbesitz kontrollieren	

2. Schwarz-Weiß – *nur für die Doppelstunde*

Beschreibung: Es werden zwei Mannschaften, Team Weiß und Team Schwarz, gebildet. Die Kinder stehen sich in der Mitte des Spielfeldes im Abstand von zwei bis drei Metern gegenüber und schauen sich an. Im Team Weiß hat jedes Kind einen Ball, Team Schwarz ist ohne Ball. Auf Startsignal des Lehrers dreht sich Team Weiß in Ballbesitz um und prellt so schnell wie möglich hinter die Grundlinie. Team „Schwarz“ versucht, die Ausreißer vor Erreichen der Ziellinie abzuschlagen. Ist ein Kind abgeschlagen, wechselt er in das Team „Schwarz“. Sind alle Ausreißer gefangen, wechseln die Aufgaben.

Variante 1: Die Kinder starten aus dem Sitzen oder Liegen.

Variante 2: Alle Kinder haben einen Ball. Der Lehrer bestimmt durch Zuruf (Schwarz oder Weiß), welches Team Ausreißer ist. Das andere Team wird dann automatisch zum Fänger. Es kann aus verschiedenen Positionen gestartet werden.

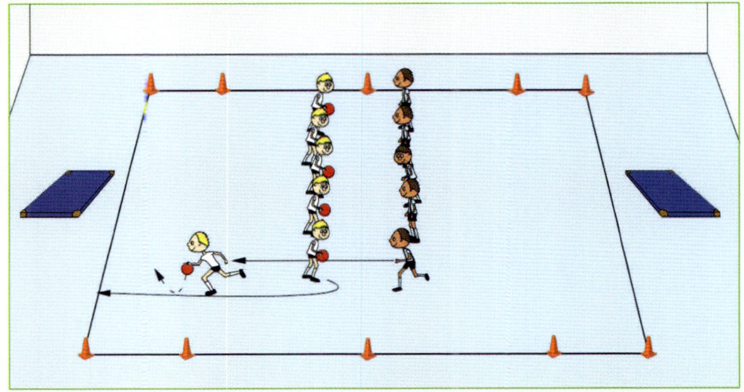

Hinweis: Das Spiel kann zu Beginn auch ohne Ball gespielt werden. Es sollte quer über das Spielfeld gespielt werden.

Phase 2

Zeitdruck	Präzisionsdruck

3. Drehreifen

Beschreibung: Es werden zwei Mannschaften gebildet und jede Mannschaft verteilt sich hinter einer festgelegten Markierung an den beiden Querseiten der Sporthalle. Jedes Kind bekommt einen Ball. In drei bis vier Metern Abstand vor der Wand werden Medizinbälle (wahlweise Kartons oder Hütchen) verteilt. In beiden Teams dreht nun ein Kind einen senkrecht stehenden Gymnastikreifen wie einen Kreisel. Welches Team treibt, während sich der Reifen dreht, die meisten Gegenstände an die Wand?

Variante 1: Der Lehrer dreht nur einen Reifen, sodass beide Teams die gleiche Zeit zur Verfügung haben.

Stundenabschnitte und Unterrichtsinhalte	Organisatorische Hinweise

Ballabgabe kontrollieren

4. Wo ist mein Partner – *nur für die Doppelstunde*

Beschreibung: Die Kinder bleiben vor der Wand stehen und gehen paarweise mit einem Ball zusammen. Kind A ist in Ballbesitz und wirft den Ball fortlaufend gegen die Wand. Der jeweilige Partner läuft in einem festgelegten Raum umher, in dem sich auch die anderen Kinder bewegen (im Rücken des Partners). Auf Signal des Lehrers dreht sich Kind A mit dem Ball um und die Läufer bleiben sofort stehen. Es erfolgt ein schneller Pass von Kind A zu Kind B. Danach erfolgt sofort ein Aufgabenwechsel.

Variante 1: Der Ball wird indirekt oder mit der schwachen Hand gespielt.

Variante 2: Kind B läuft bei Signal weiter.

Variante 3: Kind B bekommt während des Laufens Zusatzaufgaben (hochspringen, 360°-Drehung usw.).

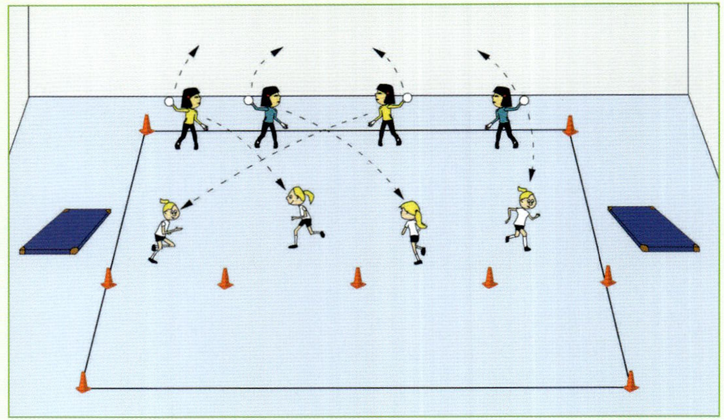

Überzahl individuell herausspielen | Lücke erkennen

5. Nur nicht getroffen werden

Beschreibung: Jeweils zwölf Kinder spielen auf einem Spielfeld. Zwischen den Spielfeldern befinden sich zwei umgedrehte Kästen mit jeweils 10 Bällen. Auf den jeweils gegenüberliegenden Seiten liegen zwei Matten. Pro Feld werden sechs Kinder zu Abwehrspielern bestimmt und jeder Abwehrspieler bekommt mehrere aus Zeitungspapier geformte Papierbälle. Vier Abwehrspieler stehen außerhalb und zwei Kinder innerhalb des Feldes. Auf ein Signal nehmen sich alle Schüler der Angreifer-Mannschaft einen Ball aus der Kiste und versuchen, diesen zur Matte zu prellen und ihn dort abzulegen. Dabei sollen sie den Papierbällen ausweichen. Werden sie getroffen, müssen sie zur Startlinie zurücklaufen und von vorne beginnen. Haben sie es geschafft, nehmen sie sich einen neuen Ball und versuchen, diesen erneut auf der Matte abzulegen. Sind alle Bälle auf der Matte abgelegt, tauschen die Mannschaften ihre Aufgaben.
Wettkampf-Variante: Welche Mannschaft schafft es in einer vorgegebenen Zeit mehr Bälle auf der Matte abzulegen?

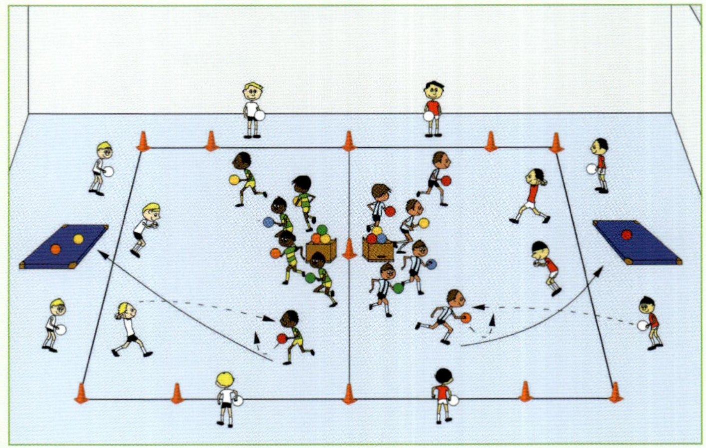

Phase 3

Überzahl kooperativ herausspielen	Anbieten und Orientieren	Abschlussmöglichkeit nutzen

6. Linienball

Beschreibung: Es werden zwei Mannschaften gebildet. Es ist nur ein Ball im Spiel und beide Teams bemühen sich um den Ballbesitz. Ziel ist es, durch Passen den Ball in die gegnerische Endzone zu transportieren. Der Ball muss in der gegnerischen Zone gefangen und dort abgelegt werden. Mit dem Ball darf nicht gelaufen werden.

Variante 1: Einführung einer Drei-Schritt-Regel.

Variante 2: Ein Kind wird von Anfang an in die gegnerische Endzone geschickt und soll dort den letzten Pass fangen.
Wichtig: Dieser Pass darf erst gespielt werden, wenn die ganze Mannschaft die Mittellinie überquert hat.

Variante 3: Es wird in einem Spielfeld, das zuvor in vier Zonen aufgeteilt wurde, gespielt. Die Schüler werden in zwei Mannschaften eingeteilt. Jeweils sechs Kinder einer Mannschaft stehen in den beiden mittleren Zonen und fünf in den äußeren. In der Endzone befindet sich ebenfalls ein Schüler.

Doppelstunde 16 – WS 2

Material

24 Bälle, 2 Tennisbälle, 24 Hockeyschläger, 12 Markierungshemdchen, 16 Hütchen, 2 Langbänke, Tuch, Kegel, Stab

Basisfeld

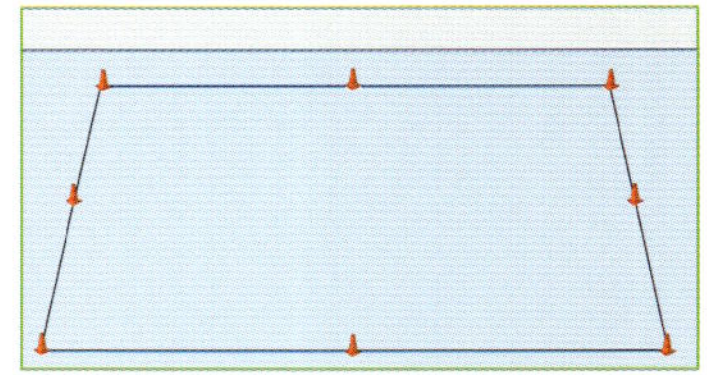

Komplexität I–II

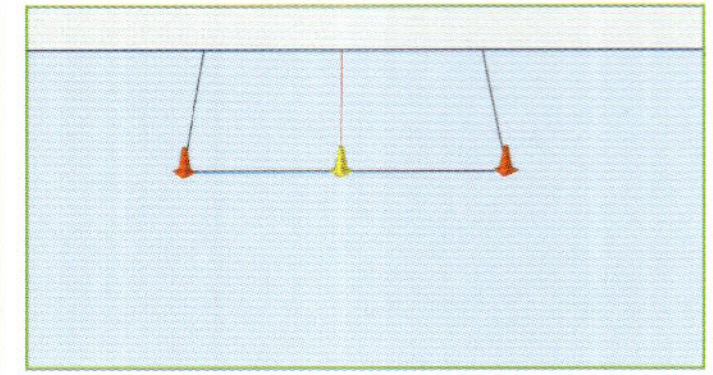

Kompetenzen

Überfachlich: Konzentriertes Arbeiten, kooperativ arbeiten, Regeln einhalten, mit Misserfolg umgehen
Prozessbezogen: Kooperieren und Verständigen, Körper und Bewegungserfahrungen, Leistung und Wettkampf

Stundenabschnitte und Unterrichtsinhalte	Organisatorische Hinweise

Phase 1

Ballbesitz individuell sichern | Anbieten und Orientieren

1. Wechselball

15

Beschreibung: Jeweils ein Schüler stellt sich an ein Hütchen (insgesamt werden acht Hütchen aufgestellt. Ein Ball wird von Kind zu Kind außen am Viereck entlang gepasst. Nachdem ein Kind den Ball gefangen und ihn zum nächsten gepasst hat, wechselt er diagonal (oder gegenüber) seinen Platz und stellt sich dort hinter das Hütchen. Das Spiel sollte zu Beginn einmal langsam durchgespielt werden (mit einer Gruppe demonstriert werden), sodass jedem Kind klar ist, auf welche Position es laufen soll.

Variante 1: Es wird von zwei gegenüberliegenden Ecken mit jeweils einem Ball gestartet. Welches Team schafft die meisten Durchgänge, ohne dass der Ball den Boden berührt? Welches Team schafft es, mit dem eigenen Ball den Ball des anderen einzuholen?

Variante 2: Indirekte Pässe oder Pässe über Kopf spielen.

Variante 3: Mit dem Fuß oder dem Schläger spielen.

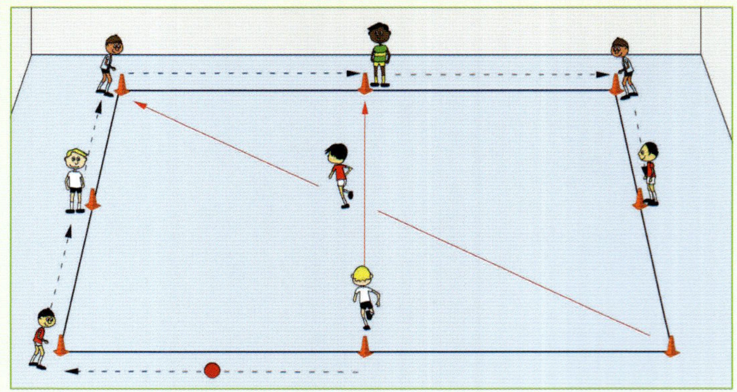

Hinweis: Manche Positionen müssen doppelt besetzt werden. Die Kinder laufen dann gemeinsam und tauschen die Rollen. Die Abbildung zeigt ein exemplarisches Feld.

Stundenabschnitte und Unterrichtsinhalte		Organisatorische Hinweise
Flugbahn des Balles erkennen	Laufweg zum Ball bestimmen	

2. Bodenball

Beschreibung: Die Kinder gehen paarweise mit einem Ball zusammen. In einem markierten Spielfeld vor der Wand (Linien und Hütchen nutzen) werfen sie nacheinander den Ball gegen die Wand und der Mitspieler versucht den Ball zu fangen. Die Schüler sollen versuchen, sich den Ball in variierenden Höhen unterschiedlich fest zuzuwerfen.

Variante 1: Die Mitspieler werden nun zu Gegenspielern und sollen versuchen so gegen die Wand zu werfen, dass er ins Feld des Gegenspielers fällt, ohne dass dieser ihn vorher berühren oder fangen kann. Wer hat zuerst zehn Treffer erzielt?

Variante 2: Es werden drei Linien, die die Zonen markieren bestimmt. Kind A wirft den Ball und sagt dabei an, in welcher Zone der Ball landen wird. Für jede richtige Ansage bekommt er einen Punkt. Nach jedem Wurf wird gewechselt.

Phase 2

Ballbesitz kooperativ sichern	Abschlussmöglichkeit nutzen

3. Handball verkehrt* – *nur für die Doppelstunde

Beschreibung: Zwei Mannschaften werden gebildet. Gespielt wird nach Handballregeln (Parteiball-Regeln). Tore können nur erzielt werden, wenn der Ball rückwärts durch die gegrätschten Beine an die Wand geworfen wird.

Variante 1: Torraum (abgesteckte Zone vor der Wand) einführen, der nicht betreten werden darf.

Variante 2: Auch die Pässe dürfen nur rückwärts durch die Beine oder über Kopf gespielt werden.

Hinweis: Jede Mannschaft wird noch einmal geteilt. Es spielt immer nur die Hälfte, die andere feuert ihr Team von der Seite an. Nach fünf Minuten wird gewechselt.

Stundenabschnitte und Unterrichtsinhalte	Organisatorische Hinweise

Zeitdruck	Organisationsdruck		

4. *Dribbel-Pendel-Staffel* – *nur für die Doppelstunde*

Beschreibung: Zwei Mannschaften werden gebildet. Jede Mannschaft teilt sich noch einmal und stellt sich hinter ein Hütchen gegenüber auf. Beide Teams haben einen Ball. In der Mitte stehen jeweils vier Hütchen. Auf ein Signal startet das erste Kind und prellt so schnell es kann im Slalom durch die Hütchen und übergibt dem nächsten Kind den Ball, das wiederum so schnell wie möglich durch den Slalom-Parcours prellt usw. Ziel ist es, als erstes Team alle Kinder durch den Parcours geschickt zu haben.

Variante 1: Zusätzlich bekommt der Läufer einen kleinen Ball in die andere Hand, den er ebenfalls dem nächsten Läufer übergeben muss.

Variante 2: Der kleine Ball soll auf der Handfläche balanciert werden, während der große Ball geprellt wird.

Variante 3: Anstelle des Parcours wird eine Bank aufgestellt. Zunächst wird neben der Bank gelaufen und auf der Bank geprellt. Im zweiten Durchgang wird auf der Bank gelaufen und neben der Bank geprellt.

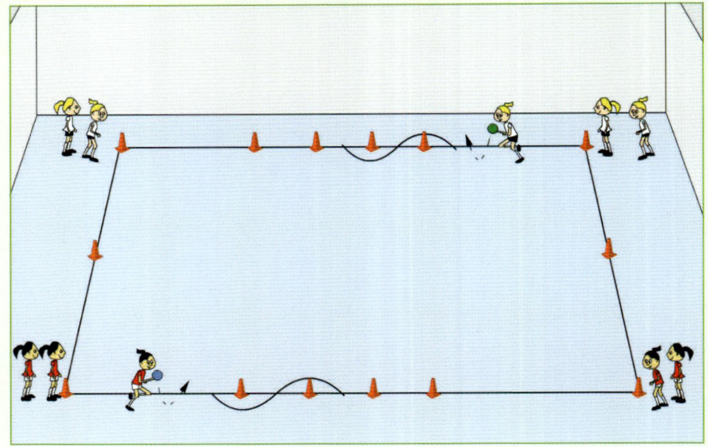

Oganisationsdruck	Präzisionsdruck	Ballbesitz kontrollieren	

5. *Koordinativ-technische Übungsphase*

Beschreibung: Jeder Schüler hat einen Ball (z. B. Basketball) und läuft prellend kreuz und quer durch das Basisfeld. Der Lehrer hat fünf bis sechs verschiedene Gegenstände (Tuch, Hütchen, Stab, Kegel usw.), die er nach und nach einzelnen Schülern übergibt. Die Gegenstände müssen übergeben werden, während jeder Schüler seinen Ball weiter prellt. Zu Beginn können die Kinder gehen, später sollen sie laufen.

Stundenabschnitte und Unterrichtsinhalte	Organisatorische Hinweise

Variante 1: Die Kinder legen nun den Gegenstand vor ein anderes Kind auf den Boden. Dieses versucht, während es weiterprellt, den Gegenstand aufzuheben.

Variante 2: Jeder Gegenstand wird auf eine andere Art übergeben, z. B. das Tuch wird dem Kind auf den Fuß gelegt, der Stab unter den Arm geklemmt, das Hütchen auf den Kopf gesetzt usw.

Phase 3

Ballbesitz
individuell sichern

6. Aufräumen

Beschreibung: Ein oder zwei Kinder sind die Jäger ohne Ball. Alle anderen Kinder haben einen Ball und prellen mit diesem über das Spielfeld. Die Jäger versuchen, die Bälle der anderen Kinder zu erobern (rauszuschlagen). Die eroberten Bälle werden in einen umgedrehten Kasten (Ballwagen) gelegt. Die Kinder ohne Ball werden auch zu Jägern. Welches Kind kann seinen Ball am längsten verteidigen?

Variante: Alle Kinder haben einen Ball. Der Lehrer fährt einen Ballwagen durch die Halle und die Kinder versuchen ihren Ball in den Wagen zu werfen. Sie dürfen dabei nicht näher als 2 Meter an den Wagen kommen.

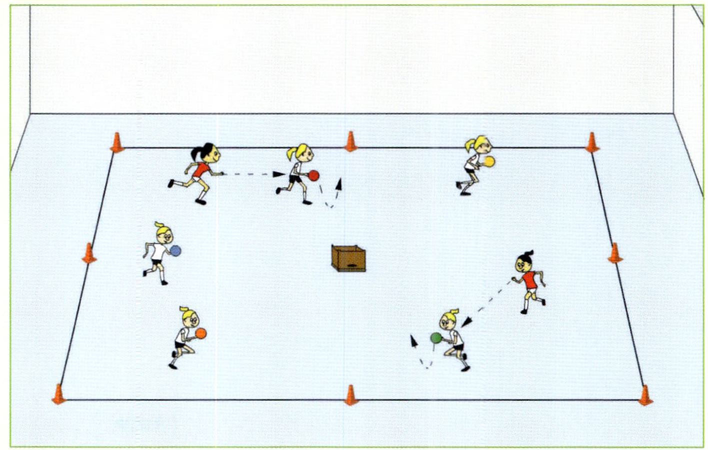

Doppelstunde 17 – WS 3

Material

24 Bälle, 18 Hütchen, 18 Markierungshemdchen, 4 kleine Kästen, 1 großer Kasten, 2 Reifen, 4 Kegel

Basisfeld

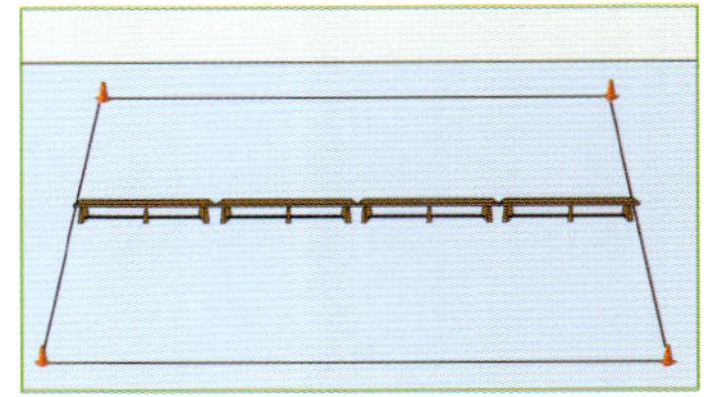

Komplexität II

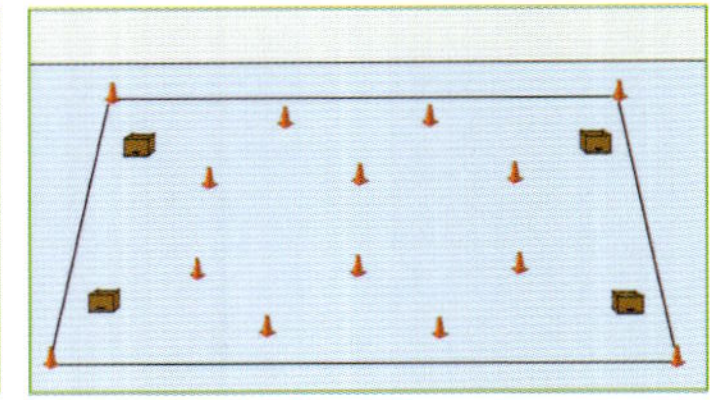

Kompetenzen

Überfachlich: Sich Neues merken, kooperativ arbeiten, Regeln einhalten
Prozessbezogen: Kooperieren und Verständigen

Stundenabschnitte und Unterrichtsinhalte	Organisatorische Hinweise

Phase 1

Anbieten und Orientieren	Ballbesitz individuell sichern	Ballbesitz kooperativ sichern

1. Wanderball

Beschreibung: Die Kinder werden in zwei bis vier Mannschaften aufgeteilt und verteilen sich an den Hütchen. Jeweils ein Kind steht ca. zwei Meter vom Kasten entfernt. In den unteren Kästen liegen sechs bis zehn Bälle. Am Starthütchen passt das Kind zum nächsten Hütchen, läuft dem Ball nach und nimmt die Position des Vordermanns ein, der den Ball gefangen und weitergepasst hat, etc. Nachdem das letzte Kind in den Kasten getroffen hat, rennt es zum freien Platz am Starthütchen und der zweite Durchgang beginnt.

Wettspiel: Welches Team hat den leeren Kasten am schnellsten gefüllt?

Variante: Die Bälle werden nicht gepasst, sondern zum nächsten Kind hin geprellt.

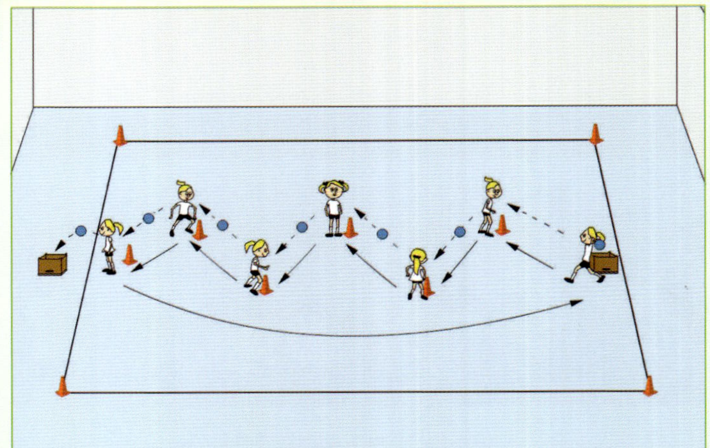

Stundenabschnitte und Unterrichtsinhalte			Organisatorische Hinweise
Ballbesitz kontrollieren	Ballabgabe kontrollieren	Mitspielerpositionen/ -bewegungen erkennen	

2. *Wer ist mein Partner?* – *nur für die Doppelstunde*

Beschreibung: Es werden zwei Mannschaften gebildet, die sich in zwei direkt nebeneinander liegenden Spielfeldern (z. B. durch eine Turnbank getrennt) bewegen. Die beiden Teams werden durchgezählt und die Kinder merken sich ihre Nummer. In Mannschaft A bekommt jedes Kind einen Ball und prellt im vorgegebenen Spielfeld umher. Die Kinder der Mannschaft B bewegen sich ohne Ball in ihrem Feld. Der Lehrer nennt nun eine Zahl und die entsprechenden Schüler bleiben stehen. Der Schüler ohne Ball signalisiert seine Annahmebereitschaft, erhält das Zuspiel und passt den Ball zurück usw. Nach ein paar Minuten tauschen die Teams die Aufgaben.

Variante 1: Der Ball wird nun mittels Bodenpass, Überkopfpass, „Phantasiepass“ usw. zum Mitspieler gepasst.

Variante 2: Mannschaft A bekommt Zahlen zugeordnet und B Buchstaben.

Variante 3: Der Schüler mit Ball prellt in das andere Spielfeld, umläuft seinen Partner und prellt wieder zurück in sein Feld.

Variante 4: Die Schüler, deren Nummer/Zahl genannt wurde, prellen in die Mitte, tauschen dort mit ihren Partnern den Ball und prellen wieder zurück in ihr Feld.

Wichtig: Die anderen Kinder sollen sich die ganze Zeit bewegen und dienen so zugleich als Hindernisse.

Stundenabschnitte und Unterrichtsinhalte	Organisatorische Hinweise

Phase 2

Abschlussmöglichkeit nutzen

3. *Stopp-Ball*

Beschreibung: Ein Schüler hält den Ball; die anderen stehen um ihn herum. Das Kind mit Ball wirft diesen hoch und ruft laut den Namen eines Kindes. Der aufgerufene Schüler soll den Ball fangen und „Stopp“ rufen. Sofort müssen alle stehen bleiben und dürfen sich nicht mehr bewegen. Das Kind mit Ball darf nun drei große Schritte machen und versuchen, ein Kind abzuwerfen. Gelingt dies, so beginnt der Werfer den nächsten Durchgang. Wird das Kind nicht getroffen, darf es den nächsten Durchgang starten.

Variante 1: Statt der Namen werden Zahlen verwendet (vorher durchzählen).

Variante 2: Der Ballbesitzer versucht, seinen Ball durch einen der „Körbe“ zu werfen, die die anderen Kinder mit ihren Armen bilden. Gelingt dies, ist er der nächste Werfer. Wirft er daneben, darf der „Korb-Spieler“ als nächstes den Ball hochwerfen.

Hinweis: Das Spiel kann auch in zwei Hälften mit zwei getrennten Gruppen gespielt werden, so kann jedes Kind häufiger agieren.

Stundenabschnitte und Unterrichtsinhalte			Organisatorische Hinweise
Präzisionsdruck	Zeitdruck	Belastungsdruck	

4. *Koordinativ-technische Übungsphase – nur für die Doppelstunde*

Beschreibung: Die Klasse wird in vier Gruppen aufgeteilt. Je zwei Gruppen gehen an eine der beiden Stationen.

Station 1: Zwei Gruppen stellen sich in einer Reihe vor jeweils einem Basketballkorb auf (ca. zwei Meter vor der Freiwurflinie). Jedes Kind hat einen (Basket-)Ball. Kind A versucht, den Ball in den Korb zu werfen. Gleich nachdem es geworfen hat, versucht Kind B, den Korb zu treffen. Trifft Kind A nicht, aber B, scheidet A aus dem Wettkampf aus. Jeder, der den Korb trifft, bleibt im Spiel und stellt sich wieder hinten an.

Station 2: Die zwei anderen Gruppen stellen sich jeweils hinter einem Hindernisparcours auf. Jedes Kind hat einen Ball. Die Kinder dribbeln so schnell wie möglich durch den Parcours und werfen am Ende auf Ziele, die im Tor aufgehängt wurden.

Hinweis: Beide Stationen sollten doppelt aufgebaut werden. Die Abbildung zeigt ein exemplarisches Feld.

Lücke erkennen	Ballbesitz individuell sichern		

5. *Touch it*

Beschreibung: Zwei Mannschaften werden gebildet. An den Längsseiten des Spielfeldes werden zwei Endzonen (ca. ein Meter breit) eingerichtet. Ziel ist es, den Ball in der gegnerischen Endzone abzulegen, ohne dass die andere Mannschaft das Kind mit Ball in der Endzone berührt. Sollte ein Kind mit Ball berührt werden, wechselt der Ballbesitz. Das Gleiche geschieht auch, wenn ein Punkt erzielt wurde. Mit Ball darf gelaufen werden.

Variante 1: Drei-Schritt-Regel einführen.

Variante 2: Es wird mit zwei Bällen gespielt.

Hinweis: Entweder kann auf zwei Spielfeldern in Turnierform gegeneinander gespielt werden oder die Mannschaften werden noch einmal geteilt und es spielt immer nur die Hälfte (die andere feuert an).

Stundenabschnitte und Unterrichtsinhalte	Organisatorische Hinweise

Phase 3

Laufweg zum Ball bestimmen	Ballbesitz kontrollieren		

6. Ballwechsel

Beschreibung: Die Kinder bilden einen Kreis. Sie laufen in eine Richtung und jeder Schüler hält dabei einen Ball in den Händen (Hinweis: Zu Beginn kann auch im Stehen gespielt werden). Auf das Signal des Lehrers lassen alle Kinder aus Schulterhöhe ihren Ball fallen und versuchen, den Ball des Vordermanns zu fangen, bevor dieser ein zweites Mal auftippt. Mit diesem Ball laufen sie dann weiter usw.

Variante 1: Auf Signal wird wieder der eigene Ball aus Schulterhöhe fallen gelassen. Jetzt soll sich jedes Kind drehen und den Ball des Hintermanns auffangen. Es geht in die andere Richtung weiter.

Variante 2: Der Ball wird fest auf den Boden geprellt. Danach versucht jedes Kind den Ball des Vordermanns zu fangen, bevor er wieder den Boden berührt.

Variante 3 a: Alle Schüler prellen im Kreis. Auf ein Signal geben sie ihre Position auf und versuchen mit dem Ball des Vordermanns weiter zu prellen.

Variante 3 b: Wie vorher. Die Kinder drehen sich jetzt und versuchen, mit dem Ball des Hintermanns weiter zu prellen.

Hinweis: Die Abbildung zeigt exemplarisch einen Kreis. Es kann auch in zwei Kreisen parallel, einem äußeren und einem inneren, gespielt werden.

Doppelstunde 18 – WS 4

Material

24 Bälle, 8 Hütchen, 18 Markierungshemdchen, 1 Matte, 4 Reifen, 2 kleine Kästen

Basisfeld **Komplexität III**

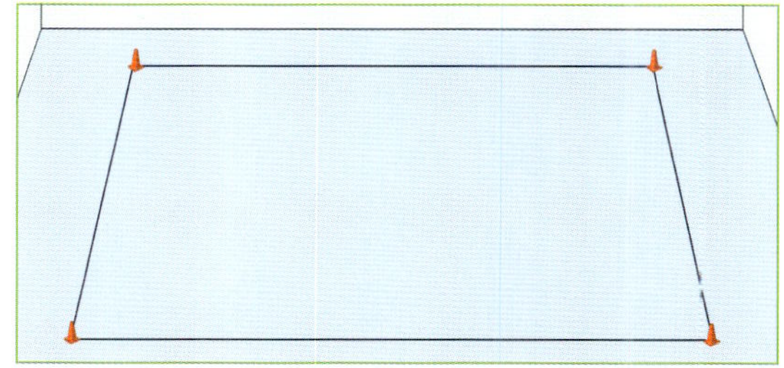

Kompetenzen

Überfachlich: Kooperativ arbeiten, Verantwortung für sich und andere übernehmen, Regeln einhalten
Prozessbezogen: Kooperieren und Verständigen, Wettkampf und Leistung

Stundenabschnitte und Unterrichtsinhalte	Organisatorische Hinweise

Phase 1

Anbieten und Orientieren

1. Rettungsball

Beschreibung: Ein Fänger versucht, ein anderes Kind abzuschlagen, das dann neuer Fänger wird. Das gejagte Kind ist sicher, wenn es in Ballbesitz ist. Die Anzahl der zur Verfügung stehenden Bälle kann variabel gestaltet werden.

Hinweis: Die anderen Kinder müssen versuchen, den gefährdeten Kindern den Ball zuzupassen.

Variante 1: Die Passart wird vorgegeben: über den Boden, mit Druckpässen, mit der schwachen Hand, über Kopf usw.

Hinweis: Das Spiel kann auch als Linienfangen gespielt werden, d. h. alle Kinder (auch die Fänger) laufen auf den Linien.

Stundenabschnitte und Unterrichtsinhalte	Organisatorische Hinweise

Zeitdruck | Variabilitätsdruck

2. Ballklau

Beschreibung: Vier Mannschaften werden gebildet. Jede Mannschaft bildet Paare, die sich hinter ihrem Hütchen aufstellen. In der Mitte des Vierecks liegt eine Matte, auf der viermal (oder fünfmal) fünf Bälle der gleichen Sorte oder Farbe liegen. Jedes Team bekommt eine Sorte zugeordnet. Auf ein Signal darf immer ein Paar sich einen Ball aus der Mitte holen und diesen zur eigenen Mannschaft transportieren (der Ball wird am Hütchen in einen Reifen abgelegt). Erst wenn ein Paar wieder am Platz ist, darf das nächste starten. Ziel ist es, als erstes Team alle fünf eigenen Bälle zu holen.

Variante 1: Die Bälle werden gedribbelt, geprellt, gerollt, auf einem Gegenstand balanciert oder gemeinsam transportiert (z. B. Bauch an Bauch).

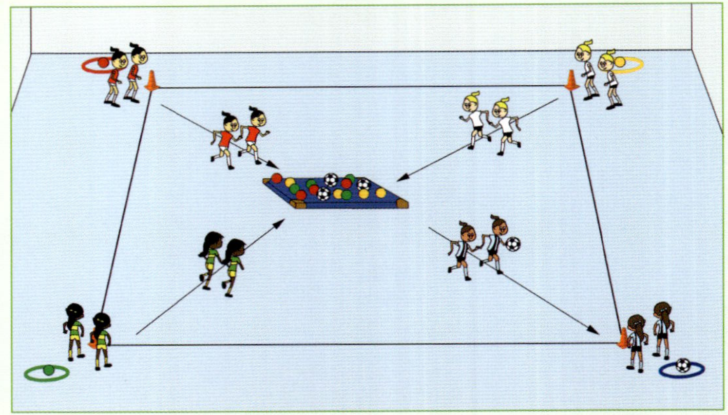

Phase 2

Ballabgabe kontrollieren

3. Tunnel-Staffel – nur für die Doppelstunde

Beschreibung: Vier Mannschaften werden gebildet. Die Kinder legen sich mit ca. 1 Meter Abstand auf den Bauch. Je ein Kind pro Mannschaft steht an einem Ende der „Menschenkette“ mit einem Ball. Wenn dieses Kind „Tunnel“ ruft, begeben sich die liegenden Kinder in die Liegestützposition (oder den Vierfüßlerstand). Es entsteht ein Tunnel, durch den das stehende Kind den Ball rollt. Danach legt es sich ebenfalls auf den Boden. Das letzte liegende Kind steht (sobald es „Tunnel“ hört) auf und schnappt sich den rollenden Ball, rennt an das andere Ende der „Menschenkette“ und rollt den Ball erneut durch den Tunnel usw.

Variante: Der Ballfänger hüpft mit dem Ball über die anderen Kinder bzw. rennt im Slalom um sie herum bevor er den Ball erneut durch den Tunnel rollt.

Stundenabschnitte und Unterrichtsinhalte			Organisatorische Hinweise
Ballbesitz kooperativ sichern	Überzahl kooperativ herausspielen		

4. *Reifentore – nur für die Doppelstunde*

Beschreibung: Zwei Mannschaften spielen Parteiball. Jedes Team hat zwei Reifen (der gleichen Farbe). Ein Tor wird erzielt, indem der Ball in den Reifen abgelegt wird. Zusätzlich gibt es noch einen weiteren Reifen, den beide Teams als Tor benutzen dürfen.

Variante 1: Ein Tor ist erzielt, wenn der Ball in den Reifen geworfen und danach von einem Mitspieler gefangen wird.

Variante 2: Neben den Treffern in die Reifen zählen auch zehn aufeinanderfolgende Pässe innerhalb eines Teams als Punkt.

Hinweis: Es kann auch auf zwei Feldern gespielt werden. Die Abbildung zeigt ein exemplarisches Feld.

Variabilitätsdruck	Organisationsdruck	Ballbesitz kontrollieren

5. *Spiegel-Prellen – nur für die Doppelstunde*

Beschreibung: Der Lehrer steht mit Blick zu den Kindern. Diese müssen alles nachmachen, was der Lehrer mit dem Ball vormacht:

- vorwärts prellen, d. h. für die Kinder rückwärts und umgekehrt
- nach rechts/links
- tief/hoch
- schnell/langsam
- Ball hochwerfen, einmal die Beine anhocken und den Ball wieder fangen
- Ball hochwerfen 360°-Drehung, den Ball wieder fangen usw.

Variante: Die Schüler ahmen den Lehrer nicht mehr nach, sondern bewegen sich frei im Spielfeld. Der Lehrer zeigt verschiedenfarbige Karten, die mit bestimmten Aufgaben verbunden sind, z. B. rote Karte = hinsetzen, gelbe Karte = in eine Hallenecke dribbeln usw.

Hinweis: Bevor mit Ball gespielt wird, sollten ein oder zwei Durchgänge ohne Ball erfolgen. Der Lehrer bewegt sich nach rechts, links, vorne hinten usw. Wenn er in die Hände klatscht, dann müssen sich alle Kinder schnell umdrehen und an die Wand hinter ihnen laufen. Wer gefangen wird, übernimmt die Rolle des Lehrers.

Stundenabschnitte und Unterrichtsinhalte				Organisatorische Hinweise
Phase 3				
Überzahl kooperativ herausspielen	Ballbesitz kooperativ sichern	Anbieten und Orientieren	Lücke erkennen	

6. Wandball

Beschreibung: Zwei Mannschaften werden gebildet. Jedem Team wird eine Hallenwand zugewiesen (gegenüberliegende Wände). Das Spielfeld wird in vier Zonen aufgeteilt. In jeder Zone stehen drei Kinder einer Mannschaft. Der Ball soll in Richtung der gegnerischen Wand vorgespielt werden. Die Mannschaft kann einen Punkt erzielen, indem ein Kind den Ball an die gegnerische Wand wirft und einer seiner Mitspieler diesen fängt (aus der Luft oder nachdem er einmal aufgesprungen ist).
Nach Punktgewinn bekommt die gegnerische Mannschaft den Ball.
Es wird körperlos gespielt und es kann frühzeitig ein zweiter Ball ins Spiel gebracht werden.

Variante 1: Das Spiel wird ohne Zonen durchgeführt.

Variante 2: Der Abpraller ergibt nur dann einen Punkt, wenn keiner (kein Gegner und kein Mitspieler) ihn fangen kann.

Hinweis 1: Zu Beginn ist es möglich, die angreifende Mannschaft in der Angriffszone in Überzahl spielen zu lassen.

Hinweis 2: Später können die Zonen aufgelöst werden. Dann sollte allerdings immer nur die Hälfte eines Teams auf dem Platz stehen.

Doppelstunde 19 – RS 1

Material

24 Luftballons, 24 Softbälle evtl. Soft-Tennisbälle und Schläger,
3 Bänke, Schnur

Basisfeld

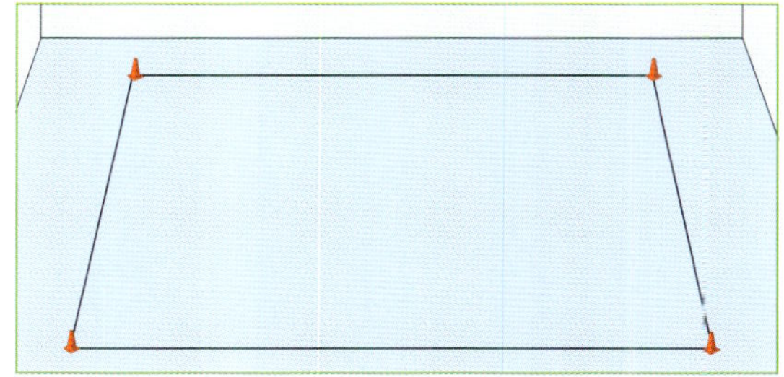

Komplexität I

Kompetenzen

Überfachlich: Kooperativ arbeiten, konzentriertes Beschäftigen mit einer Sache
Prozessbezogen: Kooperieren und Verständigen, Leistung und Wettkampf

Stundenabschnitte und Unterrichtsinhalte	Organisatorische Hinweise

Phase 1

Ballbesitz
individuell sichern

1. Luftballon-Fangen

Beschreibung: Jedes Kind bekommt einen Luftballon. Die Kinder treiben ihren Luftballon mit der Handfläche vor sich her. Ein Fänger (ohne Luftballon) versucht, die anderen Kinder abzuschlagen. Der Fänger darf sich nur beidbeinig hüpfend fortbewegen. Ist jemand gefangen, wird er auch zum Fänger.

Variante 1: Der Luftballon darf nur von unten nach oben (Handfläche zeigt nach oben) oder nur über Kopf (Handfläche zeigt nach vorne) getroffen werden.

Variante 2: Zwei Kinder spielen sich einen Ballon hin und her. Das abgeschlagene Kind wird zum Fänger und der Fänger bildet mit dem anderen Kind ein Paar.

Hinweis: Es sollte ein relativ kleines Spielfeld gewählt werden.

Stundenabschnitte und Unterrichtsinhalte	Organisatorische Hinweise

Organisationsdruck | Komplexitätsdruck | Zeitdruck

2. Heiße Kartoffel

Beschreibung: Es werden Zweiergruppen gebildet. Jede Gruppe hat zwei Luftballons unterschiedlicher Farbe. Die Kinder stehen sich im Abstand von zwei bis drei Metern gegenüber und lösen folgende Aufgaben:

- Welche Zweiergruppe schafft die meisten Zuspiele (mit einem Luftballon) innerhalb einer vorgegebenen Zeit (30 Sekunden und mehr)?
- Zwei Luftballons gleichzeitig hin und her spielen
- Der „rote" Ballon wird immer von oben geschlagen, der „blaue" Ballon von unten
- Nachdem der Ballon geschlagen wurde, erfolgt eine 360°-Drehung
- Beide Ballons werden senkrecht in die Luft geschlagen und die beiden Kinder versuchen, ihren Platz zu wechseln bevor der Ballon den Boden berührt
- Beide Ballons werden senkrecht in die Luft geschlagen. Die Kinder treffen sich in der Mitte, klatschen ab und rennen zurück zu ihrem Ballon und fangen diesen

Variante 1: Es können verschiedene Hindernisse (Bänke, Kästen, Matten) in der Halle aufgebaut werden. Während die Kinder den Luftballon in der Luft halten, bewegen sie sich zwischen diesen/über diese hinweg, ohne den Ballon zu verlieren.

Variante 2: Der Ballon wird durch einen kleinen Ball und einen Schläger ersetzt. Der Ball soll auf dem Schläger balanciert werden, während die Schüler sich zwischen/über die Hindernisse hinweg bewegen.

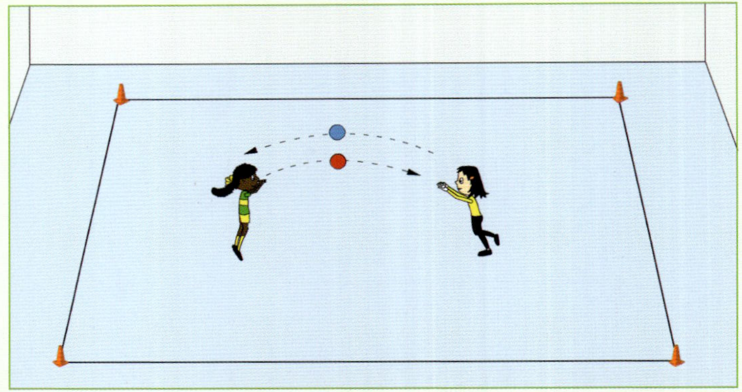

Hinweis: Die Schüler können auch auf Bänken stehen, während sie sich den Ballon zuspielen. Dreht man die Bank um, erschwert das die Aufgabe.

Stundenabschnitte und Unterrichtsinhalte			Organisatorische Hinweise
Phase 2			
Zeitdruck	Präzisionsdruck	Spielpunkt des Balles bestimmen	

***3. Luftballon-Staffel** – nur für die Doppelstunde*

Beschreibung: Vier bis sechs Teams werden gebildet. Diese stellen sich jeweils an ihrem Starthütchen auf. Jedes Kind bekommt einen Luftballon. Zusätzlich bekommt jedes Kind mitgeteilt, wie es den Luftballon transportieren soll:

- Position 1: mit dem Speckbrett/Stück Pappe schlagen
- Position 2: mit dem Kopf
- Position 3: mit dem Fuß
- Position 4: mit einem Löffel
- Position 5: auf einem Schläger balancieren usw.

Variante 1: Auf dem Hinweg müssen die Kinder über eine Bank/durch Slalomstangen usw. balancieren

Variante 2: Auf der gegenüberliegenden Seite steht für jedes Team ein Kasten. Die Aufgabe besteht darin, den eigenen Ballon mit der Hand über Kopf bis zum Kasten zu treiben, ihn auf den Kasten zu legen und dann durch daraufsetzen platzen zu lassen. Ist dies geschafft, wird mit dem nächsten Kind abgeschlagen.

Stundenabschnitte und Unterrichtsinhalte		Organisatorische Hinweise
Abschlussmöglichkeit nutzen	Lücke erkennen	

4. *Hütchenfangen*

Beschreibung: Es spielen Zweierteams gegeneinander. Der vom Gegner mit der flachen Hand geschlagene Ball (es ist auch möglich zur Verstärkung des Handtellers einen Bierdeckel zu verwenden) wird zunächst von einem Kind mit einem umgedrehten Hütchen gefangen und dann vom Partner mit der flachen Hand über das Netz gespielt. Nach jeder Spielunterbrechung oder nach jedem Schlag werden die Spielgeräte innerhalb des Teams getauscht. Punkte werden erzielt, indem der Ball auf der gegnerischen Spielhälfte den Boden berührt.

Variante 1: Der Ball darf nicht mit der Hand aus dem Hütchen genommen werden, sondern soll direkt oder nach einmaligem Auftippen über das Netz gespielt werden.

Variante 2: Statt Hütchen bekommt jedes Team nun einen Schläger. Er muss nach jedem Schlag an den Partner weitergegeben werden, d. h. es wird abwechselnd geschlagen.

Hinweis: Das Spielfeld wird durch eine quer durch die Halle gespannte (Zauber-)Schnur markiert. Die einzelnen Felder können mit Hilfe von Hütchen und den bestehenden Linien gekennzeichnet werden.

Stundenabschnitte und Unterrichtsinhalte			Organisatorische Hinweise
Ballbesitz kooperativ sichern	Abschlussmöglichkeit nutzen	Lücke erkennen	

5. *Sitz-Volleyball*

Beschreibung: Zwei Mannschaften sitzen sich in einem Volleyball-Feld gegenüber. Zwei (oder drei) Kinder pro Team befinden sich in einer Vorderzone (durch Hütchen oder Linien markiert) und drei (oder vier) in der Hinterzone. Ziel ist es, den Ball nach Überqueren des Netzes in der Hinterzone zu fangen. Danach wird der Ball zu den Kindern in der Vorderzone geschlagen. Nur die Kinder in der Vorderzone dürfen den Ball wieder über das Netz in die gegnerische Hinterzone schlagen. Berührt der Ball in der Hinterzone den Boden, gibt dies einen Punkt für den Gegner.

Hinweise: Je höher das Netz, desto länger ist der Ball in der Luft und desto langsamer das Spiel. Zu Beginn kann der Ball erst einmal geworfen werden. Innerhalb der Teams sind max. vier Pässe erlaubt. Die Bälle dürfen nur von unten nach oben geschlagen werden.

Variante 1: Es wird mit zwei Bällen gespielt.

Variante 2: Alle Schüler stehen. Der Ball soll dreimal im eigenen Feld gespielt werden, bevor er auf die andere Seite geworfen wird. Nachdem der Ball auf die andere Spielfeldseite geworfen wurde, muss die ganze Mannschaft die Grundlinie berühren und wieder zu den Positionen zurückkehren.

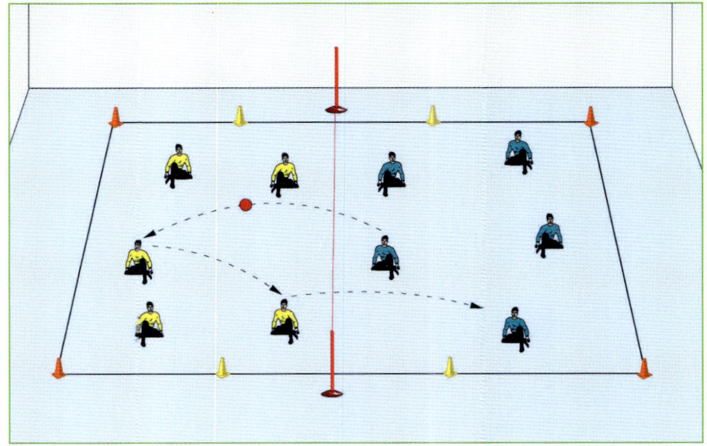

Hinweis: Das Spielfeld sollte zweimal aufgebaut werden. Die Abbildung zeigt ein exemplarisches Feld.

Stundenabschnitte und Unterrichtsinhalte	Organisatorische Hinweise

Phase 3

Abschlussmöglichkeit nutzen	Ballabgabe kontrollieren		

6. Treffer-Ball – nur für die Doppelstunde

Beschreibung: Zwei Teams stehen sich in zwei Spielfeldern gegenüber. Die Felder sind durch eine Bank und/oder eine gespannte Zauberschnur geteilt. Ziel ist es, die Gegenstände von einer im gegnerischen Feld stehenden Bank zu werfen. Dabei darf die andere Spielfeldhälfte jenseits des Netzes und der Bank nicht betreten werden. Es dürfen nur Softbälle verwendet werden. Die Zauberschnur sollte nicht zu hoch befestigt werden. Das Spiel dauert so lange, bis eine Mannschaft alle Gegenstände von der Bank geworfen hat.

Variante 1: Die Bälle werden nicht mehr geworfen, sondern mit der flachen Hand von unten geschlagen.

Variante 2: Es werden zwei Trefferzonen eingerichtet. Eine im vorderen Teil des Feldes und eine im hinteren Feldbereich.

Variante 3: Die Kinder können Bonuspunkte erzielen, indem sie mit Würfen unter der Schnur die gegnerischen Kinder an den Beinen treffen.

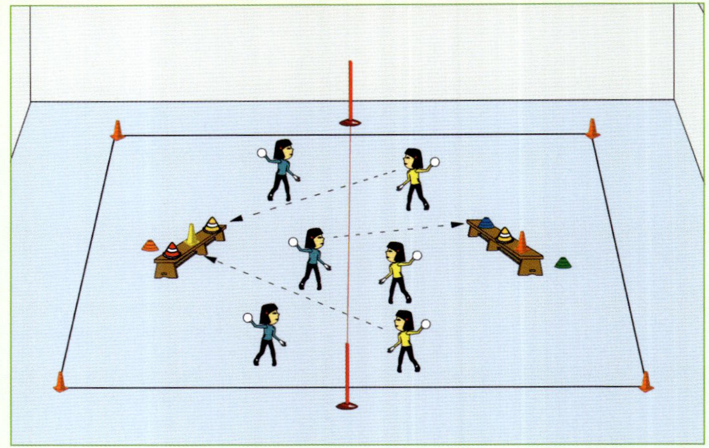

Hinweis: Die Abbildung zeigt ein exemplarisches Feld.

Doppelstunde 20 – RS 2

Material

24 Bierdeckel oder Schläger, 24 Softtennis- oder Tennisbälle,
2 bis 4 Wasserbälle, 3 Bänke, mehrere Hütchen

Basisfeld **Komplexität III**

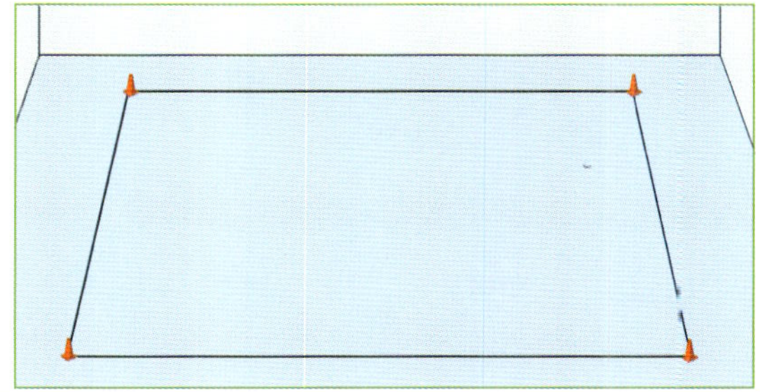

Kompetenzen

Überfachlich: Konzentriertes Arbeiten
Prozessbezogen: Kooperieren und Verständigen

Stundenabschnitte und Unterrichtsinhalte	Organisatorische Hinweise
Phase 1	

Zeitdruck | Ballbesitz individuell sichern

1. *Schnick-Schnack-Schnuck-Staffel*

Beschreibung: Es werden vier bis sechs Mannschaften gebildet. Jeweils zwei Teams stehen sich gegenüber. Auf ein Signal läuft das erste Kind jeder Mannschaft los. Wenn die Kinder aufeinander treffen, spielen sie „Schnick-Schnack-Schnuck (Schere-Stein-Papier). Der Gewinner darf weiterlaufen, der Verlierer muss zurück zu seinem Team. Sobald ein Kind bei Schnick-Schack-Schnuck verloren hat, darf das nächste Kind der Mannschaft loslaufen. Immer, wenn zwei Kinder aufeinander treffen, spielen sie „Schnick-Schnack-Schnuck“. Ein Kind, das die gegnerische Linie überquert hat, bekommt einen Punkt für sein Team.

Variante: Die Kinder prellen einen Ball, während sie laufen.

Stundenabschnitte und Unterrichtsinhalte	Organisatorische Hinweise

Ballabgabe kontrollieren | Flugbahn des Balles erkennen | Gegenspielerpositionen/ -bewegungen erkennen

2. *Spiel deinen Partner aus*

Beschreibung: Jeweils zwei Kinder suchen sich einen Platz an der Wand und erfüllen folgende Aufgaben:

- Ein Kind schlägt den Ball mit der flachen Hand an die Wand, das andere fängt ihn
- Der Ball soll in vorher vereinbarten Zonen gefangen werden (Linien in der Halle nutzen)
- Die beiden Kinder spielen gegeneinander und versuchen, im Feld des Gegners einen Punkt zu erzielen, indem der Ball den Boden berührt, bevor das andere Kind ihn fangen kann

Phase 2

Abschlussmöglichkeit nutzen | Flugbahn des Balles erkennen

3. *Krabben-Ball*

Beschreibung: Vier Teams werden gebildet, die auf zwei Spielfeldern spielen. Die jeweiligen Feldhälften werden durch Bänke über die gesamte Hallenlänge getrennt. Gespielt wird mit zwei (oder mehr) (Wasser-)Bällen/ Zeitlupen-Bällen. Die Kinder dürfen sich nur im Krebsgang bewegen. Ziel ist es, den Ball mit der Hand, dem Fuß oder dem Kopf in das gegnerische Spielfeld zu spielen. Berührt der Ball den Boden, bekommt das Team, das ihn gespielt hat, einen Punkt.

Hinweis: Es kann auch mit zwei Bällen gespielt werden.

Hinweis: Die Abbildung zeigt ein exemplarisches Feld.

Stundenabschnitte und Unterrichtsinhalte		Organisatorische Hinweise
Abschlussmöglichkeit nutzen	Ballbesitz kooperativ sichern	

4. *Tuchball*

Beschreibung: Die Spielfelder und die Mannschaften werden beibehalten (siehe Krabbenball). Jeweils zwei Kinder halten ein Tuch zwischen sich. Mit Hilfe des Tuchs versuchen sie, den Ball zu fangen und ihn zurück über das Netz (oder die Bank) zu schleudern. Berührt der Ball mehr als zweimal den Boden, ist dies ein Punkt für das andere Team.

Hinweis: Das Spiel kann in Zweierteams gegeneinander gespielt werden oder mehrere Paare bilden ein Team.

Stundenabschnitte und Unterrichtsinhalte	Organisatorische Hinweise

Ballabgabe kontrollieren

5. Chaos-Tennis

Beschreibung: Drei gleich große Teams werden gebildet. Die drei Spielfelder werden durch Turnbänke voneinander getrennt. Über die Turnbänke wird Tennis gespielt (mit der Hand, Bierdeckeln, Speckbrettern oder Tischtennisschlägern). Ziel ist es, die Bälle, bevor sie nicht mehr gespielt werden können (am Boden liegen) zurück ins gegnerische Feld zu spielen. Ruht ein Ball und kann nicht mehr gespielt werden, so wird er seitlich aus dem Feld gerollt. Das Team gewinnt, das am Ende des Spiels am wenigsten Bälle in seinem Feld liegen hat. Die Spielzeit ist vorher festgelegt.

Variante: Im hinteren Teil jedes Spielfeldes befindet sich eine mit Hütchen abgesteckte Zone. Diese Zone darf nicht betreten werden. Ziel ist es so viele Bälle wie möglich in die gegnerische Zone zu spielen, sodass diese dort liegen bleiben. Gewonnen hat das Team, das mehr Bälle in die gegnerische Zone gespielt hat

Phase 3

Ballabgabe kontrollieren | Lücke erkennen

6. Graben-Tennis

Beschreibung: Zwei Mannschaften werden gebildet. Die Spielfelder trennt ein mit Hütchen markierter Graben (oder mehrere Turnbänke). Jedes Kind bekommt einen Bierdeckel als Schlaggerät und einen Softtennisball. Der Graben darf nur zum Ball holen betreten werden. Ziel ist es, den eigenen Ball in das gegnerische Feld zu schlagen. Nach Ablauf der vorher festgelegten Spielzeit wird die Anzahl der in jeder Spielhälfte befindlichen Bälle gezählt. Das Verliererteam (das Team mit mehr Bällen auf der eigenen Seite) muss ein Kind an die Gewinner abgeben. Sieger wird das Team mit den meisten Kindern.

Variante: Jedes Kind zählt seine eigenen Treffer. Das Team mit den meisten Treffern gewinnt.

V

Sechs Doppelstunden für den Übergang in die Klasse 5

Hinweis

Da bei dieser Art Ringbuchbindung lediglich eine max. Anzahl von 176 Seiten möglich ist, sind aus Platzgründen

- die Doppelstunde 22 – Fußball 2
- die Doppelstunde 24 – Basketball 2
- die Doppelstunde 26 – Badminton 2

unter dem auf Seite 6 genannten Link als PDF-Download verfügbar.

Doppelstunden 21, 23, 25: Erster Einstieg in die Großen Spiele

Die sportspielspezifischen Ballschulen

In diesem Kapitel werden Stundenbilder präsentiert, die exemplarisch zeigen, wie der Übergang von den sportspielgerichteten Ballschulen hin zu den Großen Sportspielen gestaltet werden kann. Als Beispiele dienen je eine Sportart aus der Gruppe der Torschussspiele (Fußball), der Wurfspiele (Basketball) und der Rückschlagspiele (Badminton).

Die Darstellung der Unterrichtsentwürfe folgt dem Musterschema aus den vorangegangenen Kapiteln III und IV. Mit einer Ausnahme: In der Kopfzeile rechts oben wird auf eine Angabe von Basisspielfeldern und Komplexitätskennziffern verzichtet. Obwohl – wenn immer möglich – auf aufwändige Umbauten verzichtet wird, gibt es in den Doppelstunden 21 bis 26 keine durchgängig einheitlichen Felder mehr und der Schwierigkeitsgrad der Vermittlungsformen steigt innerhalb der Einheiten an, sodass gemittelte Komplexitätseinschätzungen nur noch wenig aussagekräftig wären. Stattdessen wird an dieser Stelle vermerkt, welche der in Tabelle 9 (Kapitel I) aufgelisteten *elementaren fußball-, basketball-* oder *badminton-spezifischen Taktik-* und *Technikbausteine* in den Beispieleinheiten methodisch angesprochen werden. In der weiteren Vorstellung der Stundenbilder werden jedem einzelnen Spiel/jeder Übung wieder Bausteine aus den Bereichen TS, WS oder RS zugeordnet. Darin spiegelt sich die in I.6 beschriebene parallele Weiterführung der zugehörigen teilintegrativen Ballschulinhalte wider.

Mit der Einbeziehung sportspielbezogener taktischer und technischer Basiskompetenzen gewinnen – nach dem Prinzip „Vom unangeleiteten, impliziten zum instruierten, expliziten Spielen/Üben!" – zunehmend *Informationsvorgaben* und *Rückmeldungen* an Bedeutung. Für die Steuerung der Lernprozesse wird es mit entscheidend, dass die Schüler angemessen instruiert und korrigiert werden. Zu der Frage, was hierbei zu beachten ist, liegen allerdings nicht allzu viele verallgemeinerbaren Empfehlungen vor. So ist die

Wirksamkeit von *Instruktionen* offenkundig hochgradig von der Lerngruppe abhängig. Diplomingenieuren kann man die Techniken des Windsurfens wohl problemlos über hydrodynamische Prinzipien erklären und begründen. Bei Grundschülern sind die Lernvoraussetzungen naturgemäß komplett anders. Empirische Studien verweisen tendenziell darauf, dass bei Kindern die alte Weisheit „ein Bild sagt mehr als tausend Worte! " zutreffend sein dürfte. Visuelle *Demonstrationen* sind die Methode der Wahl, insbesondere dann, wenn es Mitschüler gibt, die altersgerecht das taktische Verhalten oder die technischen Bewegungsausführungen vormachen können. Hilfreich ist es auch, wenn den Lernenden Beobachtungsaufgaben gegeben werden und wenn beim Vormachen auf einen optimalen Demonstrationsabstand (vier bis sechs Meter bei lokomotorischen Bewegungen) geachtet wird. Weitere interessante, auch heute noch aktuelle Ergebnisse zur Informationsvorgabe finden sich bei Daugs, Blischke, Olivier und Marschall (1989).

Aus der Wirksamkeit von visuellen Instruktionen ist nicht ableitbar, dass *verbale Beschreibungen* und *Erklärungen* überflüssig wären. Wichtig sind die Dosis und die Wortwahl. Ungerer hat bereits (1977) ermittelt, dass Kinder im Grundschulalter nicht mehr als zwei Kerninformationen gleichzeitig verarbeiten können. Die Erläuterungen müssen dabei vor allem kindgemäß und verständlich sein. Dazu gehört u. a. auch die Bevorzugung einer bildhaften Sprache mit anschaulichen Metaphern.

Für die *Korrekturen* und das so genannte *Feedback* gelten zunächst die gleichen Grundsätze wie für die Informationsvorgaben. Die Forschung liefert darüber hinaus für den Lehrenden einerseits „entlastende" und andererseits „nicht umsetzbare" Erkenntnisse. Den erstgenannten sind besonders die Bestätigungen der „Guidance-Hypothese" zuzuordnen. Danach sind mittlere Korrekturhäufigkeiten – mehr ist im Klassenverband ohnehin nicht leistbar – langfristig effektiver als zu häufige Rückmeldungen. Kaum „berücksichtigungsfähig" erscheinen dagegen die Resultate zur zeitlichen Struktur von Feedbackvorgaben. Korrekturen sind am wirksamsten, wenn sie bis spätestens 10 Sekunden nach Bewegungsende zur Verfügung stehen. Das hat etwas mit der Präsenz der eigenen Bewegungsempfindungen der Lernenden im Kurzzeitgedächtnis zu tun. Über die Informationsfunktion hinaus – und dies sollte der Lehrer immer mit bedenken – kann (positives) Feedback schließlich erheblich zur Motivierung der Grundschulkinder auf dem Weg zu „kleinen Spielkünstlern" beitragen.

Doppelstunde 21 – Fußball 1

Material	**Elementare fußballspezifische Taktik- und Technikbausteine**	
24 Bälle, ca. 16 (verschiedenfarbige) Hütchen bzw. Gymnastikreifen, 12 Markierungshemden, 2 Tore	Ball zum Ziel (Tor) bringen	Ballführen (Dribbeln)
	Tore erzielen	Torschuss (Innenseit-/Spannstoß)

Kompetenzen

Überfachlich: Sich Neues merken, Engagement zeigen, angemessener Umgang mit Misserfolgen
Prozessbezogen: Leistung und Wettkampf, Körper- und Bewegungserfahrung

Stundenabschnitte und Unterrichtsinhalte	Organisatorische Hinweise

Phase 1

Ballgefühl	Ballbesitz kontrollieren	Zeitdruck

1. *One on One*

Beschreibung: Zwei Dribbe vierecke werden für je ca. zwölf Kinder aufgebaut, die in ihrem Feld mit dem Ball am Fuß durcheinander dribbeln. Jedes Kind muss den Ball kurz mit dem Körperteil, das der Lehrer vorgibt, berühren und soll danach gleich weiterdribbeln (z. B. Stirn, rechtes Knie, linkes Ohr).

Variante 1: Die Kinder gehen zu zweit zusammen, dribbeln hintereinander her und folgen den Kommandos des Lehrers.

Variante 2: Die Kinder stellen sich gegenüber und legen einen Ball vor sich auf den Boden. Nun verharren sie in der vom Lehrer angesagten Position und wechseln von dort in die nächste Position.

Stundenabschnitte und Unterrichtsinhalte				Organisatorische Hinweise
Ballgefühl	Zeitdruck	Spielpunkt des Balles bestimmen	Ballabgabe kontrollieren	

2. Hochball

Beschreibung: Die Gruppen bleiben in ihren Feldern.
Ein Kind aus jeder Gruppe hat einen Ball in den Händen.
Die anderen Kinder stellen sich kreisförmig um diesen herum auf.
Der Spieler wirft den Ball in die Luft und ruft den Namen eines Kindes. Alle anderen Kinder rennen weg. Das genannte Kind muss den Ball fangen und sagt in diesem Moment „Stopp“. Nun müssen alle anderen mit gespreizten Beinen stehen bleiben. Das aufgerufene Kind legt den Ball auf den Boden, dribbelt los und hat 10 Sekunden Zeit, um möglichst vielen Kindern den Ball durch die Beine zu spielen.

Varianten

- Zu Beginn kann das Spiel mit der Hand gespielt werden: Das aufgerufene Kind läuft mit dem Ball in der Hand los und versucht, alle anderen Kinder mit dem Ball zu berühren oder läuft mit dem Ball in der Hand und rollt den Ball durch die Beine
- Namen können durch Zahlen oder Länder ersetzt werden
- Statt wegzurennen, können die Kinder auch krabbeln, einbeinig hüpfen usw.
- Es werden zwei bis drei Bälle in die Luft geworfen und entsprechend viele Namen, Zahlen, Länder gerufen
- Das Spiel kann auch kooperativ gespielt werden: Das aufgerufene Kind wirft innerhalb der vorgegebenen Zeit den Ball so vielen Kindern wie möglich zu bzw. spielt so viele Wandspiele wie möglich
- Das Kind, dessen Name/Zahl/Land gerufen wurde, darf im nächsten Durchgang den Ball in die Luft werfen

Stundenabschnitte und Unterrichtsinhalte	Organisatorische Hinweise
Phase 2	

Zeitdruck | Ballbesitz kontrollieren | Komplexitätsdruck

3. Bushaltestelle – nur für die Doppelstunde

Beschreibung: In den beschriebenen Feldern werden verschiedenfarbige Reifen (evtl. auch Hütchen) ausgelegt, z. B. weiße, rote und gelbe.
Alle Kinder dribbeln mit dem Ball am Fuß. Nach Kommando des Lehrers (z. B. weiß) können folgende Varianten gespielt werden:

- Alle Kinder versuchen, schnellstmöglich zum weißen Reifen zu dribbeln, den Ball mit dem Fuß darin abzulegen und sich hinzusetzen
- Alle Kinder lassen ihren Ball liegen, rennen zu einem weißen Reifen, wieder zurück zu ihrem Ball und dribbeln weiter
- Alle Kinder lassen ihren Ball liegen, rennen zu einem weißen Reifen, zurück zu irgendeinem Ball und dribbeln weiter
- Alternativ können auch mehrere Reifen einer Farbe aufgestellt werden, sodass nicht alle Kinder dasselbe Ziel ansteuern müssen, sondern sich für den nächsten Reifen in dieser Farbe entscheiden können
- Der Lehrer ruft zwei Farben (z. B. weiß-gelb) und die Kinder dribbeln zuerst zu einem weißen, dann zu einem gelben Reifen
- Es können verschiedene Dribbelformen (rechts, links, Außenrist, Innenseite, Sohle) vorgegeben werden

Die Kinder, die den Bus verpasst haben, sollen eine Runde im Tempodribbling um das Feld machen.

Stundenabschnitte und Unterrichtsinhalte			Organisatorische Hinweise
Ballbesitz individuell sichern	Überzahl individuell herausspielen	Gegenspielerpositionen/ -bewegungen erkennen	

4. Prison Break – ***nur für die Doppelstunde***

Beschreibung: Der Lehrer steckt ein rechteckiges Feld ab, in dem mehrere Gymnastikreifen verteilt sind. Er teilt ca. zwei Gefängniswärter ein. Die restlichen Kinder sind Ausbrecher, die sich von Reifen zu Reifen retten können. Die Wärter dürfen die Ausbrecher abwerfen.

Wichtig: Die Anzahl der Reifen muss geringer sein als die Anzahl der Ausbrecher.

Regeln:
- Es dürfen keine zwei Ausbrecher gleichzeitig in einen Reifen
- Ein Ausbrecher darf maximal fünf Sekunden im Reifen verharren
- Ein Wärter darf maximal drei Sekunden vor einem Reifen warten
- Die Ausbrecher dürfen nicht zweimal in Folge in denselben Reifen fliehen
- Zusatz: kein Ausbrecher darf stehen bleiben!

Varianten:
- Die Wärter und auch die fliehenden Kinder dribbeln mit einem Ball am Fuß
- Die Wärter versuchen, die Flüchtlinge abzuschießen (diese dürfen nur mit Ball fliehen)
- Die Wärter versuchen, den Ball der Flüchtlinge abzuschießen/abzuwerfen

Hinweis: Das Feld kann, neben den Hallenwänden, mit umgekippten Turnbänken abgrenzt werden, damit die Bälle im Feld bleiben und nicht wegrollen.

Stundenabschnitte und Unterrichtsinhalte				Organisatorische Hinweise
Phase 3				
Ballbesitz kontrollieren	Ballabgabe kontrollieren	Abschlussmöglichkeit nutzen		

5. *Dribbelautobahn*

17

Beschreibung: Der Lehrer baut den abgebildeten kreisförmigen Hütchenparcours, um den die Kinder herum „rasen" müssen, zweimal auf. Zu Beginn rennen die Kinder ohne Ball. Der Ball liegt am Ende der Strecke an einer Markierung, von wo aus aufs Tor geschossen wird. Wer geschossen hat, holt seinen Ball und legt ihn dem nachfolgenden Kind an die Markierung.

Varianten:
- Die Kinder rennen um den halben Kreis und schießen auf das Tor, von dem sie herkommen, oder rennen ganz um den Kreis herum und schießen auf das gegenüberliegende Tor
- Es wird mit Ball am Fuß gedribbelt
- Der Parcours kann für beide Kinder am gleichen Ort enden, sodass man sieht, wer als Erstes ankommt. Beide Kinder schießen auf das gleiche Tor

Hinweis: Feste Torhüter werden eingeteilt oder wer geschossen hat, wird Torwart.

Hinweis: Statt normaler Tore können Hütchentore aufgebaut werden. Es sollte auf zwei Feldern gespielt werden. Die Abbildung zeigt ein exemplarisches Feld.

Überzahl kooperativ herausspielen	Ballbesitz kooperativ sichern	Anbieten und Orientieren	Lücke erkennen

6. *6-Tore Fußball*

Beschreibung: Zwei Mannschaften werden gebildet. Jede Mannschaft hat drei Tore zu verteidigen und kann auf drei Tore Treffer erzielen. Es wird ohne Torwart gespielt.

Varianten:
- Spiel mit zwei Bällen
- Die Spielrichtung wird variiert und man kann auf jedes Tor Treffer erzielen
- Mehrere Zweier- oder Dreier-Teams werden gebildet und jeder spielt gegen jeden
- Mögliche Regeländerung: die Hütchentore werden ins Feld gerückt. Ein Tor wird nicht mehr erzielt, wenn der Ball durch das Hütchentor geschossen wird. Nun muss der Ball durch das Hütchentor zu einem Mitspieler gepasst werden

Doppelstunde 23 – Basketball 1

Material	Elementare basketballspezifische Taktik- und Technikbausteine	
24 Basketbälle, 4 Bänke, mehrere Hütchen und Kästen	Ball zum Ziel (Korb) bringen	Ballführen (Prellen) Ball zuspielen (Passen – Hand)
	Körbe erzielen	Korbwurf (Positionswurf)

Kompetenzen

Überfachlich: Motiviert zum Leisten, Zutrauen zum eigenen Handeln, angemessener Umgang mit Misserfolg
Prozessbezogen: Kooperieren und Verständigen, Wettkämpfen und Leisten

Stundenabschnitte und Unterrichtsinhalte	Organisatorische Hinweise

Phase 1

Ballbesitz individuell sichern

1. *Rettungsinseln*

Beschreibung: Jedes Kind bekommt einen Ball und dribbelt mit diesem über das Spielfeld. Auf dem Feld werden kleine Kästen als „Rettungsinseln" verteilt. Auf diese können sich die Dribbler vor dem Fänger (dieser hat keinen Ball) retten, d. h. wer dribbelnd auf einem Kasten sitzt, kann nicht gefangen werden. Sollte ein Kasten besetzt sein, so muss das sitzende Kind den Kasten für das neu angekommene Kind räumen. Wer abgeschlagen (gefangen) wurde, begibt sich auf den Seitenstreifen außerhalb des Spielfeldes und übt Dribbling-Tricks bis das Spiel von neuem beginnt. Der Fänger wird mehrfach gewechselt. Welcher Fänger ist der erfolgreichste?

Variante: Die Gefangenen müssen einen vorher aufgebauten Parcours durchdribbeln und, wenn sie diesen fehlerfrei (ohne den Ball zu verlieren) passiert haben, dürfen sie wieder in das Spielfeld zurück.

Ballbesitz
individuell sichern

2. Ballbehandlung Dribbling

Beschreibung: Mehrere Bänke werden (leicht versetzt) längs in der Halle verteilt. Jedes Kind hat einen Ball und jeweils vier bis sechs Kinder sitzen auf einer Bank. Der Lehrer sitzt vor den Kindern auf einem kleinen Kasten und macht ihnen verschiedene Übungen zum Thema Dribbling vor:

- Den Ball dribbeln mit einer Hand, ohne ihn aufzufangen.
- Den Ball neben den Beinen dribbeln. Auf Signal erfolgt ein Handwechsel.
- Den Ball auf Signal unter den Beinen durchdribbeln.
- Den Ball auf Signal fest aufprellen und auf der anderen Seite der Beine weiterdribbeln.
- Ball ganz fest (laut)/ganz leicht (leise) dribbeln.
- Alle Kinder dribbeln mit rechts und rutschen dabei im Sitzen nach links bis zum Ende der Bank. Wer am Ende der Bank angekommen ist, steht auf und dribbelt hinter der Bank zum anderen Ende und setzt sich dort wieder hin. Welches Team sitzt nach drei Durchgängen wieder als erstes in der richtigen Reihenfolge auf der Bank?

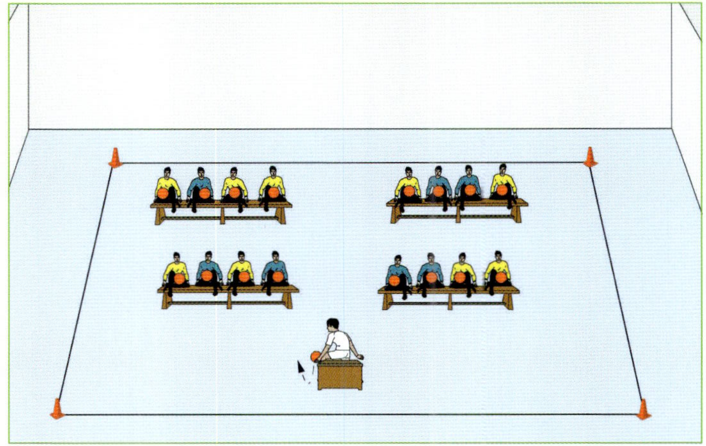

Stundenabschnitte und Unterrichtsinhalte	Organisatorische Hinweise

Phase 2

Ballbesitz individuell sichern

3. Pendel-Staffel – nur für die Doppelstunde

Beschreibung: Es werden vier Gruppen gebildet. Die Kinder jeder Gruppe stehen neben der Bank. Kind 1 läuft neben der Bank und dribbelt den Ball auf der Bank auf die andere Seite zu Kind 2, übergibt dort den Ball. Kind 2 läuft dribbelnd auf die andere Seite und gibt den Ball Kind 3 usw. Welches Team steht am schnellsten wieder in der Ausgangsposition?

Variante 1: Der Ball muss nun seitlich, rückwärts, mit der schwachen Hand gedribbelt werden.

Variante 2: Die Kinder laufen auf der Bank und dribbeln den Ball neben der Bank.

Ballbesitz individuell sichern | Abschlussmöglichkeit nutzen

4. Kaiserball – nur für die Doppelstunde

Beschreibung: Ein Spielfeld wird in vier Zonen eingeteilt. Alle Schüler dribbeln ihre Bälle in Zone 1 und versuchen, den Ball der anderen mit der freien Hand ohne Körperkontakt und ohne eigenen Ballverlust, herauszuspielen. Das Kind, dem dies gelingt, darf in der nächsten Zone weiterdribbeln usw. Das Spiel ist zu Ende, wenn ein Kind als erstes in Zone 4 dribbeln darf.

Variante 1: Zwei Mannschaften werden gebildet und die Kinder versuchen, nur dem gegnerischen Team den Ball rauszuspielen. Gewonnen hat das Team, das entweder nach einer bestimmten Zeit die meisten Kinder in Zone vier hat oder von dem als erstes ein Kind Zone 4 erreicht hat.

Variante 2: Es wird mit Auf- und Abstieg gespielt, d. h. wenn einem Kind z. B. in Zone 3 der Ball rausgespielt wurde, muss es in Zone 2 zurück.

Hinweis: Die Zonen können unterschiedlich groß sein.

Stundenabschnitte und Unterrichtsinhalte	Organisatorische Hinweise

Phase 3

Ballbesitz individuell sichern

5. Basketball-Biathlon

Beschreibung: In Staffel-Form spielen vier Mannschaften auf zwei Körbe gegeneinander. Neben jedem Korb stehen zwei Mannschaften. Der erste Läufer hat einen Ball. Er dribbelt mit dem Ball zum gegenüberliegenden Korb und hat dort drei Wurfversuche. Für jeden nicht getroffenen Wurf muss eine Strafrunde (in der Spielfeldmitte durch Hütchen markiert) gedribbelt werden. Der Ball wird zum nächsten Läufer gepasst. Das Team gewinnt, das als erstes fertig ist.

Überzahl kooperativ herausspielen | Ballbesitz kooperativ sichern | Anbieten und Orientieren | Lücke erkennen

6. Brettball

Beschreibung: Zwei Mannschaften werden gebildet. Jeder Mannschaft wird ein Basketballkorb zugewiesen. Das Spielfeld wird in vier Zonen aufgeteilt. In jeder Zone stehen jeweils drei Kinder. Der Ball soll in Richtung des gegnerischen Korbs vorgespielt werden. Die Mannschaft kann einen Punkt erzielen, indem ein Kind den Ball an das Brett wirft und der Ball danach den Boden berührt. Nach Punktgewinn bekommt die gegnerische Mannschaft den Ball. Es wird körperlos gespielt.

Hinweis: Zu Beginn ist es möglich, die angreifende Mannschaft in der Angriffszone in Überzahl spielen zu lassen.

Variante 1: Es wird ohne Zonen gespielt.

Variante 2: Der Abpraller ergibt nur dann einen Punkt, wenn ein Mitspieler ihn fangen kann.

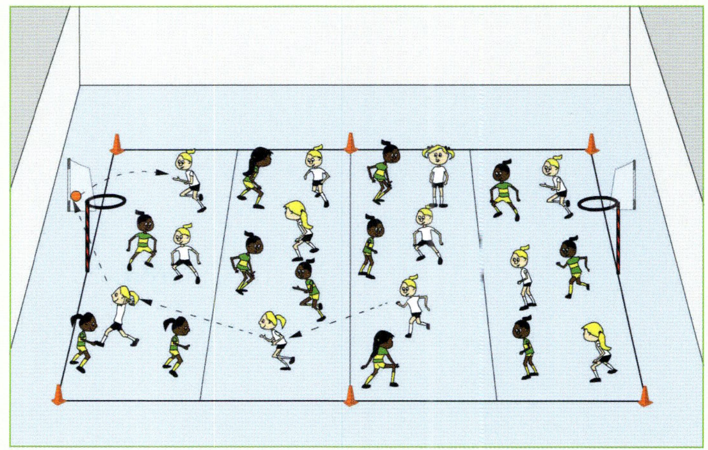

Doppelstunde 25 – Badminton 1

Material	**Elementare badmintonspezifische Taktik- und Technikbausteine**	
1 Matte, 24 Badmintonschläger und -bälle, 4 Hütchen, 4 Kästen, 2 Turnbänke (wahlweise Zauberschnur)	Spiel eröffnen	Ball ins Spiel bringen (Aufschlag von unten)
	Ball im Spiel halten	Ball zuspielen (Schlagen von unten)

Kompetenzen

Überfachlich: Anderen helfen, Rücksicht nehmen, selbstständig lernen
Prozessbezogen: Kooperieren und Verständigen, Leistung und Wettkampf, Körper- und Bewegungserfahrungen

Stundenabschnitte und Unterrichtsinhalte	Organisatorische Hinweise

Phase 1

Zeitdruck

1. Seemonster

Beschreibung: Vier Mannschaften werden gebildet (z. B. Delfine, Haie, Wale, Rochen), die jeweils in einer Ecke der Halle hinter einem Markierungshütchen stehen. Ein Schüler ist das Seemonster, das sich in seinem Versteck auf einer Weichbodenmatte in der Mitte der Halle befindet.
Alle anderen Schüler laufen auf ein Startsignal im Uhrzeigersinn um das Versteck des Seemonsters. Ruft der Lehrer z. B. laut „Delfine", so müssen sich alle Schüler der Gruppe „Delfine" hinter ihr Markierungshütchen in Sicherheit bringen. Ruft der Lehrer laut „Wale", so müssen alle Wale um ihr Leben schwimmen usw. Wird ein Tier vom Monster gefangen, wird es selbst zum Monster und geht mit in dessen Versteck. Gewonnen hat die Mannschaft, von der als letztes noch ein Tier im Ozean schwimmt.

Variante 1: Die Tiere können auch den Innenraum betreten und sich dem Seemonster nähern.

Variante 1: Zwei Tiernamen werden gleichzeitig gerufen.

Variante 2: Das/die Seemonster haben Schläger mit kleinen Softbällen und versuchen, die Tiere zu treffen.

Stundenabschnitte und Unterrichtsinhalte		Organisatorische Hinweise
Phase 2		
Abschlussmöglichkeit nutzen	Ballbesitz individuell sichern	

2. *Familie Meier im Zoo*

Beschreibung: Vier Mannschaften werden gebildet. Jedes Kind hat einen Schläger und einen Ball. Die Kinder sitzen auf einer Bank (oder dem Boden). Gegenüber von jeder Mannschaft steht ein umgedrehter kleiner Kasten. Der Lehrer erzählt eine Geschichte von Familie Meier, die einen Besuch im Zoo macht. Jedes Kind bekommt eine bestimmte Rolle zugeteilt (Vater, Mutter, Sohn, Tochter, Elefant, Dackel, Affe usw.).
Die Rollenverteilung ist in jeder Gruppe gleich. Wird die entsprechende Person/das Tier in der Geschichte genannt, so muss das entsprechende Kind mit dem Ball auf dem Schläger zu einer bestimmten Markierung laufen und von dort versuchen, den Ball in den Kasten zu schlagen (evtl. Anzahl der möglichen Versuche vorgeben). Wird der Kasten getroffen, bekommt die Mannschaft einen Punkt. Danach nimmt der Schüler sich wieder den Ball und kehrt so schnell wie möglich zur Bank zurück. Kommt das Signal „Familie“ (alle Mitglieder der Familie) oder „Zoo“ (alle Tiere), versuchen alle Kinder dieser Gruppe einen Punkt zu erzielen. Welche Mannschaft erzielt die meisten Punkte?

Stundenabschnitte und Unterrichtsinhalte	Organisatorische Hinweise

Organisationsdruck Präzisionsdruck

3. Ballgeschicklichkeit

Beschreibung: Jeder Schüler bekommt einen Ball und einen Schläger. Die Schüler laufen mit ihrem Ball auf dem Schläger durch die Sporthalle und lösen verschiedene Aufgaben:

- Es darf nur auf Linien gelaufen werden
- Trifft man einen anderen Schüler, so muss der Ball ohne Hände getauscht werden
- Einmal in die Hocke gehen und wieder hochspringen
- 360°-Drehung während des Laufens
- Ball mit dem Schläger in der Luft halten
- Handwechsel usw.

Ballabgabe kontrollieren

4. Haltet den Garten sauber – nur für die Doppelstunde

Beschreibung: Vier Mannschaften mit je sechs Schülern werden gebildet. Alle Schüler haben einen Schläger. Das Spielfeld wird jeweils durch eine Langbank geteilt. In jedem Feld liegen zehn bis fünfzehn Federbälle (faule Äpfel). Nach dem Startsignal, versucht jedes Team, seine Spielfeldseite von Federbällen zu befreien, indem die Bälle auf die andere Spielfeldhälfte geschlagen werden. Gewonnen hat die Mannschaft, die nach Ablauf der Zeit weniger Federbälle auf ihrer Seite hat.

Variante: Zwei bis drei Reifen werden auf jeder Spielfeldseite verteilt. Wenn ein Federball in einem Reifen liegen bleiben, darf er nicht mehr auf die andere Seite gespielt werden. Für jeden Federball in einem Reifen erhält das Team zwei Punkte.

Hinweis: Die Reifen sollten vorne und hinten im Feld verteilt werden.

Hinweis: Die Halle wird mit den Bänken quer geteilt, sodass alle Schüler gleichzeitig spielen können.

Stundenabschnitte und Unterrichtsinhalte	Organisatorische Hinweise

Phase 3

Spielpunkt des Balles bestimmen — Flugbahn des Balles erkennen

5. Zirkel – nur für die Doppelstunde
Beschreibung: Sieben Stationen werden aufgebaut, an denen jeweils zwei Paare parallel spielen.

1. Die Partner stehen nebeneinander und schlagen abwechselnd den Ball senkrecht in die Luft.
2. Die Partner stehen sich gegenüber. Ein Schüler schlägt den Ball Vorhand (von unten), der andere Rückhand.
3. Die Partner stehen sich gegenüber und bewegen sich von einer Hallenwand zur anderen, während sie sich den Ball über Kopf zuspielen.
4. Ein Partner steht in einem Reifen, der andere außerhalb. Die beiden spielen sich den Ball von unten zu. Der Außenspieler wandert dabei dreimal um den Reifen herum.
5. Ein Kind steht als Torwart (mit Badmintonschläger) im Handballtor und der andere versucht, vom 7-Meter-Punkt mit Ball und Schläger Tore zu erzielen.
6. Die Partner stehen sich gegenüber und spielen sich den Ball zu. Dann versuchen sie sich langsam, während sie sich den Ball weiter zuspielen, zu setzen und danach auf den Rücken zu legen.
7. Die Kinder versuchen, in den Basketballkorb zu treffen.

Hinweis: Stationskarten helfen die Aufgaben zu verstehen.

Ballabgabe kontrollieren

6. Chinesisches Laufspiel
Beschreibung: Sechs Mannschaften werden gebildet. Jeweils zwei Mannschaften stehen sich auf den beiden Feldhälften gegenüber. Der Ball wird mit einem hohen Aufschlag ins Spiel gebracht. Nach dem Aufschlag läuft das erste Kind auf die andere Spielhälfte und stellt sich dort wieder hinten an. Wie viele Ballwechsel gelingen, ohne dass der Ball auf den Boden fällt?
Variante: Wer einen Fehler macht, scheidet aus. Wer am Ende als letztes übrig bleibt, gewinnt das Spiel.

Hinweis: Das Spiel kann am Anfang auch über Bänke gespielt werden.

Literatur

Adolph, H. & Hönl, M. (1998). *Integrative Sportspielvermittlung* (4. Aufl.). Kassel: Universität-Gesamthochschule.

Behrends, G. (1983). Zum Problem der Vermittlung von „Spielfähigkeit“. In U. Göhner & H. Karl (Red.), *5. Sportwissenschaftlicher Hochschultag 1982: Spiel, Spiele, Spielen in Tübingen* (S. 2–5). Clausthal-Zellerfeld: dvs.

Bremer, D., Pfister, J. & Weinberg, P. (Hrsg.). (1981). *Gemeinsame Strukturen großer Sportspiele.* Wuppertal: Putty.

Côté, J., Baker, J. & Abernethy, B. (2001). Stages of sport participation of expert decision-makers in team ball sports. In A. Papaioannou, M. Goudas & Y. Theodorakis (eds.), *In the Dawn of the New Millenium – Program and Proceedings of the 10th World Congress of Sport Psychology: Vol. 3* (pp. 150–152). Thessaloniki: Christodoulidi Publishing.

Daugs, R., Blischke, K. Olivier, N. & Marschall, F. (1989). *Beiträge zum visuomotorischen Lernen im Sport.* Schorndorf: Hofmann.

Derad, U. (2006). *Bewegungsbiografien von Spielmachern der Handball- und Basketballbundesliga in Deutschland.* Unveröffentlichter Projektbericht. Heidelberg: ISSW.

Dietrich, K. (1985). Sportspiele in der Schule. In K. Dietrich (Hrsg.), *Sportspiele* (S. 8–21). Reinbek: Rowohlt.

Dietrich, K., Dürrwächter, G. & Schaller, H. J. (1994). *Die Großen Spiele.* Aachen: Meyer & Meyer.

Döbler, E. & Döbler, H. (1998). *Kleine Spiele* (21. Aufl.). Berlin: Sportverlag.

Ellis, H. C. (1967). *The Transfer of Learning.* New York: Macmillan.

Flammer, A. (1970). *Transfer und Korrelation.* Weinheim: Beltz.

Freie und Hansestadt Hamburg, Behörde für Schule und Berufsbildung (Hrsg.). (2011). *Bildungsplan Grundschule.* Hamburg: Landesinstitut für Lehrerbildung und Schulentwicklung.

Gagné, R. M. (1980). *Die Bedingungen des menschlichen Lernens* (5. Aufl.). Hannover: Schroedel.

Hamsen, G., Greco, P. & Samulski, D. (2000). *Biografien hochkreativer brasilianischer und deutscher Sportspieler.* Unveröffentlichter Projektbericht. Heidelberg: ISSW.

Haverkamp, N. & Roth, K. (2006). *Untersuchungen zur Familienähnlichkeitsstruktur der Sportspiele.* Unveröffentlichter Projektbericht. Bielefeld/Heidelberg: ISSW.

Heine, E. & Rodefeld, B. (1984). Wurfspiele sind Hand-Ball-Spiele. *Sportpädagogik, 8* (1), 54–56.

Hessisches Kultusministerium (Hrsg.). (1995). *Rahmenplan Grundschule.* Wiesbaden.

Juul, J. (2011). Interview von Gordana Hess. http://www.livipurshop.de/292-0-Jesper-Juul. Zugriff am 7. Oktober 2011.

Kultusministerium Sachsen-Anhalt (Hrsg.). (2007). *Lehrplan Grundschule* (Grundsatzband). Magdeburg.

Landesinstitut für Schule und Medien Berlin-Brandenburg (LISUM) (Hrsg.). (2004/05). *Rahmenlehrpläne für die Grundschule. Berlin: Wissenschaft und Technik* (für Berlin, Brandenburg, Bremen und Mecklenburg-Vorpommern).

Hoffmann, B. & Koch, P. (Hrsg.) (1997). *Integrative Aspekte in Theorie und Praxis der Rückschlagspiele.* Hamburg: Czwalina.

Hossner, E. J. (1995). *Module der Motorik.* Schorndorf: Hofmann.

Kortmann, O. & Hossner, E. J. (1995). Ein Baukasten mit Volleyball-Steinen – Belastung im Volleyball und ein modulares Konzept des Techniktrainings. In F. Dannenmann (Red.), *Belastung im Volleyball* (S. 53–72). Bremen: DVV.

Kolb, M. (2012). Inklusive Gestaltung kompetitiver Team-Spiele – Hinweise zur Unterstützung ausgeglichener Teilhabe trotz heterogener Voraussetzungen. In S. König, D. Memmert & M. Kolb (Hrsg.), *Schulsportforschung. Sport-Spiel-Unterricht.* Kongressband zum 8. Sportspiel-Symposium der Deutschen Vereinigung für Sportwissenschaft vom 26.–28. September 2012 in Weingarten (S. 33–51). Berlin: Logos.

Kuhlmann, D. (2003). Wie führt man Spiele ein? In Bielefelder Sportpädagogen (Hrsg.), *Methoden im Sportunterricht* (3. Aufl., S. 135–147). Schorndorf: Hofmann.

Loibl, J. (2001). *Basketball. Genetisches Lehren und Lernen.* Schorndorf: Hofmann.

Martin, D., Carl, K. & Lehnertz, K. (1991). *Handbuch Trainingslehre.* Schorndorf: Hofmann.

Martin, D., Nicolaus, J., Ostrowski, C. & Rost, K. (1999). *Handbuch Kinder- und Jugendtraining.* Schorndorf: Hofmann.

Medler, M. & Schuster, A. (2000). *Ballspielen. Ein integrativer Ansatz für die Grundschule, Orientierungsstufe, Sportverein* (2. Aufl.). Neumünster: Sportbuch.

Meis, H. (2001). *Von der Hand zum Racket.* Stuttgart: MKS.

Memmert, D. (2007). *Kreativität im Sportspiel.* Unveröffentlichte Synopse im Rahmen einer publikationsgestützten Habilitation. Heidelberg: ISSW.

Memmert, D. & Roth, K. (2001). *Befragung zur rückschlagspielbezogenen Bedeutung der Taktikbausteine, Koordinationsbausteine und Technikbausteine des MSIL.* Unveröffentlichte Daten. Heidelberg: ISSW.

Memmert, D. & Roth, K. (2007). Teaching games for beginners: the effects of non-specific and specific concepts on tactical creativity. *Journal of Sports Sciences, 25*, 1423–1432.

Memmert, D. & König, S. (2012). Zur Vermittlung einer allgemeinen Spielfähigkeit im Sportspiel. In S. König, D. Memmert & K. Moosmann (Hrsg.), *Das große Limpert-Buch der Sportspiele* (S. 21–40). Wiebelsheim: Limpert.

Ministerium für Bildung, Familie, Frauen und Kultur des Saarlandes (Hrsg.). (2009). *Kernlehrplan Grundschule*. Saarbrücken.

Ministerium für Bildung, Frauen und Jugend Rheinland-Pfalz (Hrsg.). (2005). *Rahmenplan Grundschule*. Grünstadt: Sommer.

Ministerium für Bildung, Wissenschaft, Forschung und Kultur des Landes Schleswig-Holstein (Hrsg.). (1997/98). *Lehrplan Grundschule*. Kiel.

Ministerium für Kultus, Jugend und Sport Baden-Württemberg (Hrsg.). (2004). *Bildungsplan Grundschule*. Stuttgart.

Ministerium für Schule und Weiterbildung des Landes Nordrhein-Westfalen (Hrsg.). (2003). *Richtlinien und Lehrpläne für die Grundschulen Nordrhein-Westfalen*. Frechen: Ritterbach.

Müller, B. (1998). *Spaß für alle durch Kleine Ballspiele*. Aachen: Meyer & Meyer.

Neumann, P. (2010). Zwischen Kompetenz und Inkompetenz. *sportunterricht, 59*, (2) 35–41.

Niedersächsisches Kultusministerium (Hrsg.). (2005). *Kerncurricula und Materialien*. Hannover: Unidruck.

Roth, K. (2002). „Vom ABC für Spielanfänger ... zum gekonnten Agieren mit der Hand und mit Schlägern". In K. Roth, C. Kröger & D. Memmert (Hrsg.), *Ballschule Rückschlagspiele* (S. 7–56). Schorndorf: Hofmann.

Roth, K. & Kröger, C. (2011). *Ballschule – ein ABC für Spielanfänger* (4. kompl. überarb. Aufl.). Schorndorf: Hofmann.

Roth, K., Memmert, D. & Schubert, R. (Hrsg.). (2006). *Ballschule Wurfspiele*. Schorndorf: Hofmann.

Roth, K., Raab, M. & Greco, P. (2000). *Das Modell der inzidentellen Inkubation: eine Überprüfung der Kreativitätsentwicklung brasilianischer und deutscher Sportspieler*. Unveröffentlichter Projektbericht. Heidelberg: ISSW.

Roth, K. & Roth, C. (2009). Entwicklung motorischer Fertigkeiten. In J. Baur, K. Bös, A. Conzelmann & R. Singer (Hrsg.), *Handbuch motorische Entwicklung* (S. 227–247). Schorndorf: Hofmann.

Sächsisches Staatsministerium für Kultus (Hrsg.). (2004). *Lehrplan Grundschule*. Dresden: Saxoprint.

Schmidt, W. (2004). *Fußball – spielen, erleben, verstehen*. Schorndorf: Hofmann.

Staatsinstitut für Schulqualität und Bildungsforschung Bayern (Hrsg.). (2000). *Gesamtlehrplan Grundschule*. München: Maiß.

Thüringer Ministerium für Bildung, Wissenschaft und Kultur (Hrsg.). (2010). *Lehrplan Grundschule*. Erfurt.
Ungerer, D. (1977). *Zur Theorie des sensomotorischen Lernens.* Schorndorf: Hofmann.
von Hentig, H. (2004). Einführung in den Bildungsplan 2004. In Ministerium für Kultus, Jugend und Sport Baden-Württemberg (Hrsg.). *Bildungsplan Grundschule* (S. 7–19). Stuttgart.
Werner, P. & Almond, L. (1990). Models of games education. *Journal of Physical Education, Recreation and Dance, 61*, 4, 23–27.
Werner, P., Thorpe, R. & Bunker, D. (1996). Teaching games for understanding – evolution of a model. *Journal of Physical Education, Recreation and Dance, 67*, 1, 28–33.
Wittgenstein, L. (1960). *Philosophische Untersuchungen. Schriften, Band 1.* Frankfurt: Academie.